Apontamentos sobre a reforma administrativa

FUNDAÇÃO EDITORA DA UNESP

Presidente do Conselho Curador
José Carlos Souza Trindade

Diretor-Presidente
José Castilho Marques Neto

Editor Executivo
Jézio Hernani Bomfim Gutierre

Conselho Editorial Acadêmico
Alberto Ikeda
Antonio Carlos Carrera de Souza
Antonio de Pádua Pithon Cyrino
Benedito Antunes
Isabel Maria F. R. Loureiro
Lígia M. Vettorato Trevisan
Lourdes A. M. dos Santos Pinto
Raul Borges Guimarães
Ruben Aldrovandi
Tania Regina de Luca

Editora Assistente
Joana Monteleone

Roberto Ribeiro Bazilli
Ludmila da Silva Bazilli Montenegro

Apontamentos sobre a reforma administrativa

© 2003 Editora UNESP

Direitos de publicação reservados à:
Fundação Editora da UNESP (FEU)
Praça da Sé, 108
01001-900 – São Paulo – SP
Tel.: (0xx11) 3242-7171
Fax: (0xx11) 3242-7172
Home page: www.editora.unesp.br
E-mail: feu@editora.unesp.br

Dados Internacionais de Catalogação na Publicação (CIP)
(Câmara Brasileira do Livro, SP, Brasil)

> Bazilli, Roberto Ribeiro
> Apontamentos sobre a reforma administrativa / Roberto Ribeiro Bazilli, Ludmila da Silva Bazilli Montenegro. – São Paulo: Editora UNESP, 2003.
>
> Bibliografia.
> ISBN 85-7139-468-7
>
> 1. Direito administrativo – Brasil I. Montenegro, Ludmila da Silva Bazilli. II. Título.

03-2761	CDU-35.071.2 (81)

Índice para catálogo sistemático:
1. Brasil: Reforma administrativa: Direito administrativo 35.071.2(81)

Editora afiliada:

Asociación de Editoriales Universitárias
de América Latina y el Caribe

Associação Brasileira das
Editoras Universitárias

Aos meus netos:
Gabriela e Kauê
(Roberto Ribeiro Bazilli)

Ao meu esposo:
Marco Aurélio
(Ludmila da Silva Bazilli Montenegro)

Sumário

1 Reforma do Estado   11
    1 O Estado e as alterações ocorridas no século XX   11
    2 Reforma do Estado: reforma administrativa   17

2 Das emendas constitucionais   23
    1 Introdução   23
    2 Conceito   24
    3 Histórico   26
    4 Poder constituinte   31
    5 Poder constituinte originário e derivado   32
    6 Processo legislativo   38
    7 Controle de constitucionalidade   39

3 Do direito adquirido   45
    1 Conceito   45
    2 Retroatividade e irretroatividade de leis   47
    3 Direito adquirido no âmbito do direito administrativo   49
    4 O direito adquirido e a EC nº 19/1998   52

4 A emenda nº 19/1998   55

   1 Organização do Estado – artigo 1º da EC nº 19/1998   56

   2 Fixação de subsídios dos agentes políticos nas esferas estadual e municipal – artigo 2º da EC nº 19/1998 – artigos 27, § 2º, 28, §§ 1º e 2º, e 29, incisos V e VI, da CF   68

   3 Administração pública – artigo 3º da EC nº 19/1998   75

   4 Mandato eletivo de servidor público da Administração direta, autárquica e fundacional – artigo 4º da EC nº 19/1998 – artigo 38 da CF   131

   5 Do servidor público civil – artigo 5º da EC nº 19/1998   132

   6 A estabilidade do servidor público concursado – artigo 6º da EC nº 19/1998   151

   7 Organização do Poder Legislativo – competência do Congresso Nacional – fixação do subsídio dos Ministros do STF – artigo 7º da EC nº 19/1998   166

   8 Organização dos Poderes Legislativo e Executivo – competência exclusiva do Congresso Nacional – fixação do subsídio para os Deputados Estaduais, Senadores, Presidente, Vice-Presidente e Ministros de Estado – artigo 8º da EC nº 19/1998   168

   9 Poder Legislativo – competências privativas da Câmara dos Deputados e do Senado Federal – artigos 9º e 10 da EC nº 19/1998   169

   10 Poder Legislativo – sessão legislativa extraordinária – artigo 11 da EC nº 19/1998   171

   11 Poder Legislativo – prestação de contas – artigo 12 da EC nº 19/1998   172

   12 Poder Judiciário – fixação de subsídios, irredutibilidade de subsídios dos Magistrados e competência privativa dos Tribunais Superiores – artigo 13 da EC nº 19/1998   174

13 Do Ministério Público – competência – artigo 14
   da EC nº 19/1998   182

14 Ministério Público – garantias de seus membros
   – artigo 15 da EC nº 19/1998   183

15 Da Advocacia Pública – artigo 16 da EC nº 19/1998   184

16 Advocacia Pública – Procuradores dos Estados
   e do Distrito Federal – estabilidade – artigo 17
   da EC nº 19/1998   185

17 Remuneração dos Procuradores e Defensores
   Públicos – artigo 18 da EC nº 19/1998   186

18 Segurança Pública – artigo 19 da EC nº 19/1998   187

19 Orçamento – artigo 20 da EC nº 19/1998   187

20 Orçamento – limites previstos em lei complementar –
   artigo 21 da EC nº 19/1998   190

21 Ordem econômica e financeira – estatuto jurídico das
   empresas do Poder Público   205

22 Ordem social – princípios do ensino – artigo 23
   da EC nº 19/1998   209

23 Disposições constitucionais gerais – artigo 24
   da EC nº 19/1998   210

24 Normas de transição – artigos 25, 26, 27, 28,
   29, 30 e 31 da EC nº 19/1998   212

25 Acréscimo do artigo 247 no rol constitucional –
   artigo 32 da EC nº 19/1998   219

26 Servidores não estáveis – artigo 33 da
   EC nº 19/1998   220

27 Vigência da EC nº 19/1998   221

Referências bibliográficas   223

1
Reforma do Estado

1 O Estado e as alterações ocorridas no século XX

No momento em que se discute a chamada Reforma Administrativa, torna-se oportuno e fundamental situá-la no contexto maior da Reforma do Estado, o que implica verificar as atividades desenvolvidas pelo Estado a partir das revoluções americana e francesa do século XVIII, as modificações ocorridas no século XX e, especialmente, as características do atual Estado brasileiro.

Em contraposição ao absolutismo monárquico, surge triunfante, no século XVIII, o Estado liberal que promove significativas mudanças: no plano econômico, legitima a livre concorrência, a não-intervenção na atividade econômica e o *laissez-faire*; no político, assume a liberdade como bem maior a ser preservado, salvaguarda os direitos naturais do homem e consagra, para prevenir eventuais abusos dos dirigentes, a teoria da separação dos poderes; no campo jurídico, acolhe o constitucionalismo que prevê o estabelecimento de regimes constitucionais, ou seja, governos limitados em seus poderes e submetidos a constituições escritas.

O Estado liberal assumiu essencialmente características de abstenção: não atuar na ordem econômica nem afrontar os direitos e as liberdades individuais, o que justificou a denominação Estado mínimo.

O Estado, no entanto, foi aos poucos aumentando suas atividades, sobretudo as de regulação do mercado, reagindo contra a concentração de capital e o decorrente abuso do poder econômico.

O Estado liberal, no qual não se falava de iniciativa estatal, salvo a relacionada exclusivamente com a manutenção de ordem e de segurança, cede lugar ao Estado intervencionista; o movimento liberal, que teve em Adam Smith a sua grande expressão, não resiste às conseqüências da Revolução Industrial; e a experiência da Primeira Grande Guerra Mundial e a Revolução Russa de 1917 determinaram profundas modificações no Estado ocidental que abandona a sua postura de mero guardião da ordem e da segurança e transforma-se em inspirador e realizador do bem-estar social.

Nascem programas, como o *New Deal*, de cunho intervencionista, com Franklin Roosevelt. A atitude intervencionista intensifica-se com o advento da Segunda Guerra Mundial, pois o Estado assume a prestação dos serviços fundamentais, procurando a obtenção do máximo de proveito com o menor desperdício, para atender às emergências de então. Após a guerra, o fenômeno persiste e em maior intensidade, em que pese, do ponto de vista político, a "onda" liberalizante.

O Estado, nascido sob a égide do princípio da legalidade e da liberdade, foi convocado a disciplinar a atividade privada, contendo-a nos limites do interesse social e do bem comum. Em conseqüência disso, assume o comando do processo econômico e das mudanças sociais, mediante a regulamentação, o controle e/ou o monopólio do comércio, da produção, do ensino, do transporte e, até mesmo, da pesquisa científica. É o Estado voltado aos problemas sociais, que Laski denominou *Welfare State*, ou seja, Estado do bem-estar social.

Nesses processos de intervenção, algumas premissas são constantes:

a) as constituições enriquecem-se com novos direitos econômicos e sociais, tão relevantes para o homem comum quanto os seus direitos individuais e políticos;

b) o centro de gravidade da ordem jurídica desloca-se, progressivamente, do individual para o social;

c) a intervenção do Estado no domínio econômico, que é uma constante do direito público contemporâneo, define-se ora sob forma programática, ora como norma legislativa, ora, ainda, como atividade administrativa;

d) o Estado é um prestador de serviços tanto sociais como econômicos;

e) a atividade empresarial do Estado chega por vezes, sob inspirações variadas, ao monopólio estatal;

f) o planejamento econômico tanto do setor público como do privado;

g) a propriedade, a família, o trabalho e a empresa passam a obedecer a novos pressupostos de interesse coletivo.

Com base nessas premissas, é possível perceber que o Estado intervencionista se manifesta na ordem econômica disciplinando-a, ou seja, limitando-a de maneira a compatibilizá-la com o interesse coletivo; estimulando-a por meio de concessão de apoio financeiro, creditício e de infra-estrutura, inclusive tecnológica; além de atuar diretamente como verdadeiro prestador de serviços industriais ou comerciais ou realizador de atividades meramente econômicas.

Como fenômeno correlato ao Estado intervencionista, a máquina estatal, até então centralizada, desde logo demonstrou-se incapaz de desenvolver, a contento, as novas atividades a ela, agora, inerentes, verificando-se uma tendência à descentralização inspirada em propósitos de eficiência e de adequação técnica.

Primeiramente, deve-se afirmar que com a descentralização não se confunde a desconcentração. Ambas são técnicas administrativas, próprias à ciência da administração.

A desconcentração é uma técnica de organização que afeta, em princípio, a estrutura do órgão, na medida em que se refere apenas à divergência de competência. Ensina Marcello Caetano (1970, p.246, t.I) que "a administração está desconcentrada quando, em todos ou em alguns graus inferiores dos serviços, há chefes com competência para decidir imediatamente, embora sujeitos à direção, inspeção e superintendência dos superiores". Na desconcentração ocorre uma distribuição de competência interna, a saber, dentro dos limites da mesma pessoa jurídica, persistindo a subordinação hierárquica. Já a descentralização não é mera distribuição interna de autoridade, ou melhor, simples irradiação de poderes nas mãos de muitos. No magistério de Celso Antonio Bandeira de Mello (1968, p.118), descentralização "é a transferência de capacidade relativamente aos poderes que foram transferidos. Daí porque os agentes descentralizados não são subalternos nem agentes do poder descentralizado". Nesta, não há poder hierárquico em relação à autoridade descentralizada, apenas o poder de tutela.

Em realidade, a desconcentração é uma técnica da ciência da administração de atribuição de competência, de divergência de poderes, enquanto a descentralização é uma técnica de atribuição de capacidade política ou administrativa.

Para Caio Tácito (1963, p.83):

> a desconcentração administrativa é o processo de liberdade de autonomia de gestão sem que se envolva a configuração de uma pessoa jurídica administrativa; já a descentralização administrativa implica na atribuição a um ente administrativo de personalidade jurídica própria.

Num primeiro momento, a descentralização administrativa dá-se sob a forma de autarquia: ente dotado de personalidade jurídica própria de direito público, com capacidade de autogovernar-se, sujeito, contudo, à tutela e vigilância da entidade criadora.

Em passo subseqüente, o Estado descentraliza as suas atividades por meio de concessões, permissões e autorizações de serviços públicos, transferindo serviços às empresas privadas e a particulares individualmente considerados.

Posteriormente, o Estado associa-se ao capital privado, o que resulta nas denominadas sociedades de economia mista, que fornece uma parte e, muitas vezes, a maior parte do capital constitutivo da empresa, quase sempre voltada à realização de serviços públicos industriais ou comerciais.

Em seguida, surgem, mesmo não tendo ocorrido o declínio da sociedade de economia mista, como previsto, as modernas empresas públicas, nas quais o Estado e outras pessoas da Administração indireta constituem os únicos detentores do capital social da empresa. Sociedades de economia mista e empresas públicas não prestam sempre serviços públicos, tampouco apenas serviços públicos industriais ou comerciais, mas, e sobretudo, produzem bens e serviços de caráter eminentemente econômico, próprios à atividade privada.

Segundo Debbasch (1968, p.212):

> as empresas públicas revelam que o Estado não mais se contenta em controlar ou orientar uma atividade. Por interposta pessoa, o Estado toma a si o encargo da empresa, para evitar toda e qualquer confusão com as administrações tradicionais.

Como se vê, o Estado intervencionista determina não só um processo descentralizante de prestação de serviços públicos, como também a realização, por interposta pessoa, de atividades econômicas. Agiganta-se o Estado.

Como informa Caio Tácito (1998, p.31):

> Até 1930 os órgãos paraestatais não iam além de 17, elevando-se a 70 nos anos 50 para atingir a cifra de 582 no início da

década de 80, como símbolo da participação estatal visando ao desenvolvimento econômico e à ocupação de setores em que se revela ineficaz, ou ausente, a iniciativa privada.

Esse gigantismo, em aparente contradição, resulta no esgotamento do Estado intervencionista; sobrecarrega o Estado com tarefas dispensáveis e que são mais bem desempenhadas pela iniciativa privada; dificulta a adequada realização das atividades essenciais do Estado; a eficiência diminui e acarreta insuficiência de recursos, ainda que a sociedade civil produtiva seja taxada pesadamente, como ocorre no Brasil. O Estado ineficiente gera males insuportáveis como o clientelismo, o nepotismo, o populismo, a corrupção e o corporativismo.

Assim, ainda na lição de Caio Tácito (1998, p.30):

> O pêndulo se volta, na experiência atual, para um período de retração de ingerência direta do Estado que, ao mesmo tempo, se torna menor e se aprofunda, harmonizando o estímulo à dinâmica da iniciativa privada com a maior responsabilidade pública em áreas essenciais do bem-estar social.

Nasce o Estado subsidiário, para alguns denominado Estado participativo, fundado no princípio da subsidiariedade, construído no seio da doutrina social da Igreja Católica, em especial com observância das diretrizes consagradas nas encíclicas *Rerum Novarum* (1891), *Quadragésimo Anno* (1931), *Mater et Magistra* (1961) e *Centesimus Annus* (1991).

Essa nova concepção implica que o Estado seja repensado com definição clara de seu papel, ou seja, de suas tarefas e das que a sociedade civil deve assumir. O Estado restringe a sua atuação àquelas tarefas que a iniciativa particular não tem condições de realizar a contento, elege um núcleo de serviços públicos essenciais e nele concentra os seus esforços para bem servir a comunidade. Com relação às demais, atua como regulador, fomentador, controlador e coordenador da iniciativa privada.

2 Reforma do Estado: reforma administrativa

À esteira das idéias do Estado subsidiário, surge a necessidade de reformulação dos Estados que, no Brasil, é conhecida como "A reforma do Estado", em plena implantação.

Hayek, economista e fundador da Escola de Viena, retomando suas idéias manifestadas há mais de quarenta anos, as quais criticavam o capitalismo planejado e preconizavam o seu fim, chegando a propor a *deregulation* ou desregulamentação da economia, volta a suscitar o debate sobre o papel do Estado no final do século XX, em seu livro *O caminho da servidão*.

Critica, com contundência, os cartéis e oligopólios privados e estatais, que conspiram, com os sindicatos laborais, contra a sociedade civil (Hayek, 1984).

Ao lado dessa tendência, o mundo assiste à chamada globalização que acelera o processo de transformação do Estado.

A globalização surge como uma realidade histórica. Mais um fenômeno da tecnologia das comunicações do que fruto de um ideário político, mas que tem proporcionado a exacerbação do capitalismo sem fronteiras, com sérios problemas aos Estados emergentes e aos do Terceiro Mundo.

> A globalização já foi cultural, pelo poder do exemplo, como se deu no mundo helênico; foi política, pelo poder da espada, como no mundo romano; foi econômica, pelo poder das riquezas, como no mundo ibérico dos descobrimentos e religiosa, pelo poder da fé, como no mundo cristão.
>
> Outros movimentos globalizantes apresentaram combinações desses interesses, como o da expansão do Islã e o do imperialismo, sendo que este último se desdobrou em manifestações específicas, como o inglês, o norte-americano e, por último, o soviético.
>
> A globalização que se experimenta neste fim de século e milênio ultrapassa, porém, todas essas experiências, pois ela não é só mais ampla e mais diversificada: é, sobretudo, mais profunda, pois é um produto da Revolução das Comunicações e, por isso, veio para permanecer (Moreira Neto, 1998, p.1).

Essa era da informação caracteriza-se pela acumulação de conhecimentos, pela criatividade que, lado a lado com o capital, é o elixir das transformações e do crescimento.

O sistema global de comunicações abre cada Estado-nação à influência exterior na economia, na cultura, nos costumes etc. O Estado-nação está cada vez mais permeável.

Outra característica da globalização é o suplante da capacidade gerencial dos atuais Estados-nações pelas instituições plurinacionais, por força do poder tecnológico e da habilidade de moverem bilhões de dólares para trás e para frente.

Assim, surgem grupos de interesses maiores do que os nacionais, que vêm forjando a base da ideologia globalista.

Por sua vez, os Estados também se reorganizam e se juntam em grupos, sobretudo, regionais, para atender aos reclamos e fazer frente aos interesses transnacionais. Daí o aparecimento das comunidades econômicas, como o Mercado Comum Europeu e o Mercado Comum do Sul (Mercosul), além da União Européia, comunidade mais ampla e de cunho político.

Nesse novo cenário, busca-se a criação de novas estruturas de poder com a implementação de instituições adaptadas a essa realidade, o que requer constituições adequadas a essa sociedade emergente e ordenamentos jurídicos ágeis e pragmáticos que tornem possível uma transição pacífica para o terceiro milênio.

É na segunda metade do século XX que se situa o Estado subsidiário, com o qual não se confunde o Estado mínimo, tão apregoado pelos liberais. Neste, o Estado só atua nas atividades essenciais, sendo tudo o mais da iniciativa privada; naquele, o Estado exerce as atividades essenciais e, eventualmente, as não-típicas, em princípio de competência da iniciativa particular, quando esta se revelar impotente para cumpri-las adequadamente e no interesse público.

Caracteriza-se esse novo Estado – *subsidiário* – pela diminuição de seu tamanho; pela privatização das entidades estatais não comprometidas na realização das atividades típicas do Estado; pelo prestígio da liberdade econômica e da livre concorrência; pela extinção dos monopólios; pela descentralização das atividades do Estado ainda que típicas; pela agilidade e eficiência da máquina estatal, inclusive com novos modelos gerenciais; pela parceria com a sociedade civil; pela participação do cidadão na Administração Pública, em especial no controle da qualidade dos serviços prestados etc.

A necessidade imperiosa de adequar o Estado a essas características conduz, necessariamente, à reforma do Estado, que, no caso do Brasil, implica, obrigatoriamente, entre outras, as reformas federativa, política, judiciária, tributária e administrativa.

Na contramão das tendências mundiais, noticiadas por Hayek já na década de 1940 e em plena concretização a partir de 1979, com o programa de privatização adotado pela Inglaterra, no governo Margaret Thatcher, o Brasil promulga a Constituição de 1988, excessivamente detalhista e, sobretudo, dirigista.

Marcos Jordão Teixeira do Amaral Filho (1996, p.14) registra que:

> Desde então, inverteu-se a tendência doutrinária do pós-guerra e a privatização tornou-se a pedra de toque das chamadas "modernas" políticas públicas, conquistando em graus diferentes e de formas extremamente variadas tanto países socialistas – como a China, a ex-União Soviética, a Albânia – quanto países que se consideram exemplos de orientação pró-capitalista pura, como os Estados Unidos da América. A "onda" das privatizações arrastou não só os países do primeiro mundo – o Canadá, a França, a Alemanha –, como também países em desenvolvimento, de estágios variados, como a Argentina, o México, a Indonésia, a Argélia, entre outros e, mais recentemente, o Brasil.

Assim, em nosso país, a reforma do Estado passa necessariamente por reformas constitucionais profundas, por um conjunto de medidas, fruto de alterações constitucionais, que adapta o Estado brasileiro à principiologia do Estado subsidiário, para que ele possa enfrentar a globalização a fim de usufruir de seus benefícios, hoje quase que restritos aos países desenvolvidos.

Entre as medidas que visam à reforma do Estado, sem dúvida, situa-se a reforma administrativa, como, aliás, consta de excerto da mensagem nº 886/95, p.25, encaminhada ao então Presidente da República. Consignada está que

> Para este Governo, a reforma administrativa é componente indissociável do conjunto de mudanças constitucionais que está propondo à sociedade. São mudanças que conduzirão à reestruturação do Estado e à redefinição do seu papel e da sua forma de atuação, para que se possa alcançar um equacionamento consistente e duradouro da crise.

Com a reforma administrativa objetiva-se a introdução de novos conceitos, que reorientem a ação do Estado, na busca da eficiência e da melhor qualidade dos serviços por ele prestados. Com isso, os controles meramente formais perdem espaço para os de resultado.

Nova estruturação administrativa é delineada, com destaque para as chamadas parcerias e para os contratos de gestão. A institucionalização das organizações sociais encontra respaldo no ordenamento constitucional ora modificado.

O regime jurídico dos servidores públicos passa por substanciais alterações. Desaparece a obrigatoriedade do regime jurídico único; a estabilidade do servidor é, agora, parcial, podendo ser demitido em certas circunstâncias, mesmo não tendo cometido nenhuma infração disciplinar ou penal; o instituto da avaliação de desempenho assume relevância na política de desenvolvimento de recursos humanos, quer na fase de estágio probatório, quer após. Os aspectos remuneratórios assumem novos contornos, com a adoção do sistema de subsídio, agora necessariamente aplicado aos agentes políticos.

Por sua vez, toda a política de pessoal (concessão de vantagens ou aumento de remuneração, criação de cargos, empregos e funções, alterações de estrutura de carreira, bem como admissão ou contratação de pessoal) está atrelada a normas orçamentárias e fiscais e, inclusive, a limites estabelecidos em lei complementar (Lei de Responsabilidade Fiscal).

Em linhas gerais, apresentamos as diretrizes básicas da reforma administrativa, instituída pela Emenda Constitucional nº 19, de 4 de junho de 1998, cuja análise será objeto dos próximos capítulos deste livro.

2
Das emendas constitucionais

1 Introdução

O ideal seria que uma Constituição, quando da sua elaboração, pudesse prever todas as transformações de uma sociedade, sem que mudanças fossem necessárias. No entanto, as leis, obra de homens, carregam consigo toda sua imperfeição, não admitindo perenidade. Se elas não se adaptam às modificações da comunidade, não trazem soluções aos destinos dos homens, tornando-se incompatíveis com sua finalidade.

Poder-se-ia imaginar a Lei Maior elaborada de uma forma ampla, elástica, de maneira que pudesse alcançar necessidades futuras, mas perderia a segurança jurídica necessária a uma Constituição. Mesmo países que possuem uma Constituição duradoura, como os Estados Unidos, e que, em tese, preservam a unicidade de seu conteúdo, trazem em suas normas matéria de conteúdo genérico, e que, por isso, são complementadas por decisões da Suprema Corte (Lopes, 1998).

É, portanto, indiscutível a necessidade de se alterar o conteúdo de uma Constituição, para adaptá-la ao momento histórico de seu povo e, com isso, ganhar uma efetividade maior.

Para entender como essas alterações ocorrem, é preciso conhecer a classificação das constituições quanto à sua estabilidade, ou seja, se elas são rígidas, semi-rígidas ou flexíveis.

Há constituições rígidas, sempre escritas, em que o processo de modificação, para ocorrer, necessita de um processo mais dificultoso, mais complexo do que o previsto para a feitura de leis ordinárias.

Existem também constituições semi-rígidas, igualmente escritas, compostas por duas partes: a primeira, formada por regras que podem ser alteradas pelo processo legislativo ordinário (parte flexível); e a segunda, por regras que são modificadas por um processo mais complexo (parte rígida).

Por fim, constituições flexíveis, inteiramente formadas por normas que podem ser modificadas pelo mesmo processo de alteração das leis ordinárias.

Nossa Constituição é rígida e utiliza, para que reformas ocorram, um instrumento, previsto desde a Constituição Política do Império, denominado, hoje, *Emenda Constitucional*.

2 Conceito

Emenda Constitucional é uma das espécies normativas previstas na Constituição Federal (CF), em seu art. 59, inciso I, elaborada por um processo legislativo mais complexo que o estabelecido para leis ordinárias, cujo objetivo é a modificação do conteúdo possível da Carta Magna.

Comumente usam-se os termos *revisão*, *reforma* e *emenda* como sinônimos para designar as modificações da Constituição. O próprio legislador, em nossas constituições, utilizou-os indiscriminadamente, ora como *reforma* (Constituição do Império – art. 174;

Constituição republicana de 1891 – art. 90), ora os três juntos (CF de 1934 – artigo 178, §§ 3º e 4º), ora como *reforma*, *emenda* e *modificação* (CF de 1937 – artigo 174), como *emenda* espécie do gênero reforma (CF de 1946 – artigo 217), e finalmente como *emenda* (CF de 1967 e Emenda 1/69 – artigos 5º e 47).

A maioria dos doutrinadores entende que reforma constitucional é o gênero, do qual são espécies a revisão e a emenda (Pinto Ferreira, 1956, p.100-1; Ferraz, 1986; Meirelles Teixeira, 1991, p.132; Silva, 1990, p.54-5; Lopes, 1998, p.60-3).

Para Maurício Antonio Ribeiro Lopes (1998, p.62):

> reforma constitucional é um processo político e institucional de reconstrução da ordem constitucional por afetação da superestrutura do Estado (promulgação da EC 1/69); revisão é um processo político e legislativo de evolução constitucional; emenda é um processo legislativo que serve como via de penetração das alterações ordinárias na Constituição.

Há autores, no entanto, que não vêem importância prática na diferenciação dos termos. É o caso do professor Manoel Gonçalves Ferreira Filho (1991, p.454-6), que sustentou que

> nos dicionários da língua comum, esses três termos designam coisas diversas. No Aurélio, emenda é correção de falta ou defeito... remendo; reforma é modificação; revisão é novo exame, nova leitura. Entretanto, será diferente o uso desses termos na tradição do direito constitucional? A resposta é não.

Para esse autor, o mais importante é definir o que realmente se quer, sem se apegar a palavras que não têm um sentido cientificamente sólido.

A Constituição Federal de 1988 estabeleceu diferença entre revisão constitucional e emenda. No artigo 3º das Disposições Transitórias, quando se emprega a palavra revisão, o sentido é de uma ampla reforma, enquanto as emendas são usadas com o significado de mudanças pontuais e circunstanciais, previstas no artigo 59 da CF.

3 Histórico

A EC, como já visto, nem sempre foi denominada dessa forma, mas sempre esteve presente em nossas constituições. É o que podemos vislumbrar por meio de um breve relato histórico.

3.1 CONSTITUIÇÃO POLÍTICA DO IMPÉRIO DO BRASIL, 1824 – artigos 174, 175, 176, 177 e 178

Havia um prazo a ser cumprido (quatro anos) para que a Constituição fosse modificada. Observada tal restrição, a proposta de reforma originava-se na Câmara dos Deputados, feita por escrito e apoiada por um terço de seus membros. Além disso, a proposta de reforma era lida por três vezes, com intervalos de seis dias entre uma e outra leitura. Só depois a Câmara dos Deputados deliberava sobre a admissão ou não da discussão sobre o tema, seguindo-se os demais procedimentos para a feitura da lei. Essa lei, sancionada e promulgada pelo Imperador, autorizava os eleitores dos deputados da seguinte legislatura a, nas procurações, dar-lhes especial faculdade para a pretendida reforma. E, na seguinte legislatura, na primeira sessão era a matéria discutida e acrescentada ou não à Constituição. Caracterizou-se pela semi-rigidez, uma vez que não estabeleceu cláusulas pétreas,[1] mas fixou um procedimento mais difícil para alteração de determinados pontos da Constituição – os limites e atribuições respectivas dos poderes políticos, e os direitos políticos e individuais do cidadão – podendo o que não fosse constitucional ser alterado pelo processo ordinário.

---

1 Cláusulas pétreas: essas cláusulas estão previstas no artigo 60, § 4º, da CF. Trata-se de dispositivo constitucional que assegura, para algumas matérias, a impossibilidade de ser objeto de emenda constitucional, sendo, portanto, intangíveis.

3.2 CONSTITUIÇÃO DE 1891 – artigo 90, §§ 1º, 2º, 3º, 4º

Nessa Constituição, a iniciativa para a reforma (e não emenda) era do Congresso Nacional (um quarto dos membros de qualquer das Câmaras) ou das Assembléias dos Estados (dois terços dos Estados, no decurso de um ano, representado cada Estado pela maioria de votos de sua Assembléia). No primeiro caso, a proposta era aceita se, após três discussões, a votação alcançasse dois terços de votos em uma e outra Câmara; no segundo caso, a proposta era aprovada se, no ano seguinte, após três discussões, a votação fosse por maioria de dois terços dos votos nas duas Câmaras do Congresso. Aprovada, passava a integrar o texto constitucional. Nesse caso, não podiam ser objeto de deliberação no Congresso projetos tendentes a abolir a forma republicana federativa ou a igualdade da representação dos Estados no Senado. São as primeiras cláusulas pétreas.

3.3 CONSTITUIÇÃO DE 1934 – artigo 178, §§ 1º, 2º, 3º, 4º, 5º

Em seu artigo 178, estabelecia o que poderia ser emendado (tudo o que não modificasse a estrutura política dos Estados, a organização ou a competência dos poderes da soberania) ou revisto (se a modificação fosse dessas matérias). Previa que, na hipótese de emenda, a proposta fosse precisa e de iniciativa de uma quarta parte, pelo menos, dos membros da Câmara dos Deputados ou do Senado Federal, ou de mais de metade dos Estados, no decurso de dois anos, cabendo a cada Estado a maioria na Assembléia respectiva. Para aprovação da emenda, era necessária a sua aceitação por maioria absoluta de cada Casa Legislativa em dois turnos de discussão e votação, em dois anos consecutivos. Ou ainda, por voto de dois terços dos membros das respectivas Casas Legislativas, em turno único. No caso da revisão, a proposta era apresentada na Câmara dos Deputados ou no Senado

Federal e apoiada por, pelo menos, dois quintos dos seus membros ou submetida a qualquer desses órgãos por dois terços das Assembléias Legislativas, em razão de deliberação da maioria absoluta de cada uma destas. Estabelecia que, se as duas aceitassem a revisão, proceder-se-iam da maneira que determinassem para a elaboração do anteprojeto. Este, por sua vez, deveria ser submetido a três turnos de discussões e votações, na legislatura seguinte, em ambas as Casas. Tanto para emenda como para revisão, estavam proibidas deliberações tendentes a abolir a forma republicana, bem como durante vigência de estado de sítio. A emenda e a revisão eram promulgadas pelas Mesas da Câmara dos Deputados e do Senado Federal, sendo a primeira incorporada e a segunda anexada.

3.4 CONSTITUIÇÃO DE 1937 – artigo 174, §§ 1º, 2º, 3º, 4º

Como já dito, o legislador constituinte fez uso, nessa Constituição, das expressões *emenda, modificação* e *reforma*. A iniciativa foi modificada, passando a ser prerrogativa do Presidente da República e da Câmara dos Deputados, deixando de tê-la os membros do Senado Federal, denominados, aqui, Conselho Federal. Outra inovação foi a inclusão de representantes nomeados pelo Presidente da República no Conselho Federal. Se a iniciativa fosse do Presidente da República, a votação seria feita em sessão unicameral, por maioria ordinária de votos e sem modificações. Se, no entanto, a iniciativa fosse da Câmara dos Deputados, a votação deveria ser por maioria de votos em cada uma das Casas, e, se aprovado, o projeto seria enviado ao Presidente da República que, em trinta dias, poderia requerer nova tramitação por ambas as Casas (essa nova tramitação era efetuada no curso da legislatura seguinte). Se o projeto de iniciativa do Presidente da República fosse rejeitado, ou se, mesmo sem sua concordância, fosse aprovado projeto de iniciativa da Câmara, o Presidente da República poderia, em trinta dias, resolver que um ou outro projeto fosse submetido a plebiscito nacional. Este realizar-se-ia em noventa dias após a publicação da resolução presidencial, e o projeto só se transformaria em lei se o plebiscito lhe fosse favorável.

3.5 CONSTITUIÇÃO DE 1946 – artigo 217, §§ 1º, 2º, 3º, 4º

Modificou-se novamente a iniciativa para a propositura de emenda constitucional. Agora a proposta deveria ser apresentada por pelo menos um quarto dos membros da Câmara dos Deputados ou do Senado Federal, ou por mais da metade das Assembléias Legislativas dos Estados no decurso de dois anos (por maioria dos seus membros em cada uma delas). Estaria aprovada a emenda que fosse aprovada em dois turnos de discussão e votação, por maioria absoluta em cada uma das Casas Legislativas, ou em um único turno, se aceita em ambas as Casas por dois terços dos votos. Era promulgada pelas Mesas da Câmara dos Deputados e do Senado Federal. Com a assinatura dos membros das respectivas Casas, a emenda era anexada ao texto da Constituição. A Constituição não poderia ser modificada na vigência do estado de sítio, nem ser objeto de deliberação projetos tendentes a abolir a Federação ou a República.

3.6 CONSTITUIÇÃO DE 1967 – artigos 50, §§ 1º, 2º, 3º, 4º, 51, 52

Volta com a Constituição de 1967 a possibilidade de iniciativa para proposta de emenda ao Presidente da República, permanecendo a possibilidade de proposta pelos membros da Câmara dos Deputados ou do Senado Federal (um quarto dos seus membros), e pelas Assembléias Legislativas, cuja proposta era encaminhada ao Senado Federal (pelo menos metade das Assembléias dos Estados, manifestando-se cada uma delas por maioria absoluta). A discussão e votação, em qualquer dos casos de emenda, eram realizadas em reunião unicameral, em sessenta dias contados a partir do recebimento ou apresentação da proposta, em duas sessões, considerada aprovada quando obtivesse maioria absoluta em cada uma das Casas, apesar de ser a reunião unicameral. A promulgação era dada pelas Mesas das duas Casas, com o respectivo número de ordem. Eram proibidos projetos de emenda tendentes a abolir a Federação ou a República e, também, emendas durante o estado de sítio.

3.7 EMENDAS À CONSTITUIÇÃO DE 1967

Foram várias as emendas que alteraram o processo legislativo, por vezes, tornando-o mais rígido e, em outras, mais maleável. Já na primeira, aboliu-se a possibilidade de iniciativa de proposta de emenda pelas Assembléias Legislativas (artigo 47), e modificou-se também o quórum de votação na Câmara dos Deputados e no Senado, o qual passou a ser de um terço, em vez de um quarto (artigo 47, § 3º). Permaneceram as cláusulas pétreas da Federação e da República e a proibição de emenda durante estado de sítio (artigo 47, §§ 1º e 2º). A EC nº 1/1967 ainda alterou o procedimento para emenda constitucional, elevando o quórum para a aprovação de emendas, passando de maioria absoluta para dois terços de cada uma das Casas (artigo 48). A EC nº 8/1977 ampliou a limitação circunstancial da proibição de emendar durante o estado de sítio, incluindo também o estado de emergência. Também esta emenda alterou o prazo de tramitação, que passou de sessenta dias para noventa dias; o quórum de aprovação voltou a ser o de maioria absoluta, não mais dos membros de cada Casa Legislativa, mas do total de membros do Congresso Nacional. Com a EC nº 11/1978 retornou a maioria absoluta dos membros de cada Casa. E, por fim, a EC nº 22/1982 retirou a referência temporal para a apreciação de emenda e elevou novamente para dois terços o quórum para aprovação de emenda em cada uma das Casas do Congresso.

3.8 CONSTITUIÇÃO FEDERAL DE 1988 – artigo 60, §§ 1º, 2º, 3º, 4º, 5º

Foi restabelecida a iniciativa às Assembléias Legislativas, desde que mais da metade delas manifeste-se, cada uma, por maioria relativa de seus membros. Foram acrescentados, além do estado de sítio, a intervenção federal e o estado de defesa como medidas excepcionais para restauração da ordem em momentos de anormalidade. Foi modificado o procedimento, exigindo-se dois turnos de votação e quórum de três quintos em cada Casa do Congresso. Houve um aumento das hipóteses sujeitas às cláusulas pétreas e proibição de nova proposta da emenda rejeitada ou prejudicada na mesma sessão legislativa.

4 Poder constituinte

As emendas à Constituição são o instrumento do poder constituinte derivado reformador; este, por sua vez, foi criação do próprio poder constituinte originário, dele derivando.

Sieyès, pai da doutrina do poder constituinte, em sua obra *Qu'est-ce que le tiers état?* [*Que é o terceiro estado?* (1970)] entende por poder constituinte, cujo titular é a nação, o poder de criação da Constituição, sendo, portanto, anterior a ela. Ao estabelecê-la surgem os poderes que regerão a sociedade, os quais são os constituídos pelo poder constituinte. Daí extrai-se a justificativa para a superioridade da Constituição, pois se esta nasce do poder constituinte, não pode ser modificada pelos poderes constituídos. Acontece que, após o nascimento da Constituição, o poder constituinte não desaparece, permanecendo sob o mando da nação que ainda poderá fazer uso dele. A nação não se submete à Constituição, cabendo aos poderes constituídos esse papel. Com isso, conclui-se que a nação pode modificar a Constituição quando melhor aprouver a ela (cf. Ferreira Filho, 1974, p.11 ss.).

De acordo com Sieyès (1970, p.179-81):

> Seria ridículo supor a nação ligada, ela própria, pelas formalidades ou pela Constituição com a qual ela subordinou os seus mandatários. Se fosse preciso esperar que ela, para se tornar uma nação, tivesse uma maneira de ser positiva, não teria jamais sido organizada. A nação se forma pelo único direito natural. Não somente a nação não é submetida a uma Constituição, mas ela não o pode ser e não o deve ser, o que equivale ainda dizer que ela não o é.

Para esse autor, o poder constituinte da nação é incondicionado e está limitado apenas pelo direito natural, que é um direito anterior ao direito positivo e superior a este, o que nos leva à conclusão de que é um poder de direito (teoria jusnaturalista), muito embora doutrinadores não menos brilhantes, acolhendo a teoria positivista, entendam ser o poder constituinte um poder de fato, fonte geradora de todo direito (Ferreira Filho, 1974, p.16).

Defendendo o posicionamento de Sieyès, estão Schmitt, Heller, Recaséns Siches, Carl Friedrich, Dnez, Nelson Saldanha e Aderson Menezes. Interpretação diversa fazem Walter Dodd, Kelsen, Hauriou que, além de entenderem ser o poder constituinte o criador da Constituição, também atribuem a ele a possibilidade de reformá-la. Para Pinto Ferreira (1983, p.49), "o poder constituinte é o poder de criar e revisar a Constituição".

5 Poder constituinte originário e derivado

O poder constituinte, para a melhor doutrina, divide-se em dois outros: poder constituinte originário e poder constituinte derivado, ou instituído, ou remanescente, ou constituído, ou de segundo grau, ou secundário, como preferem alguns autores.

Quando esse poder cria o ordenamento jurídico, estabelecendo a Constituição de um Estado soberano, sua organização, seja porque não há uma, seja porque em razão de uma revolução deixou de existir uma Constituição, diz-se que o poder constituinte é originário.

Se, no entanto, esse poder intervém para reformar ou complementar a Constituição, estamos diante do poder constituinte derivado.

A EC nº 26, de 27 de novembro de 1985, convocou a "Constituinte" de 1987 e trouxe consigo a idéia de que haveria a manifestação do poder constituinte originário, o que, na verdade, não aconteceu. Não ocorreu revolução alguma, muito menos estávamos sem uma Constituição. A Constituição de 1988, então, nasceu de uma maneira *sui generis*: o poder constituinte originário foi criado por uma emenda em restrita obediência às regras vigentes na época, adotando-se o modelo criado pela França em 1958.

Segundo Manoel Gonçalves Ferreira Filho (1989, p.28), "tivemos, na convocação da Assembléia Nacional Constituinte, manifestação do Poder Constituinte Derivado, apenas, repita-se, libertado das limitações materiais e circunstanciais que lhe eram impostas".

5.1 Poder constituinte originário

Ao analisar o poder constituinte originário, podemos caracterizá-lo como inicial, incondicional e ilimitado. É inicial, pois, ao criar a Constituição, dá início ao novo ordenamento jurídico; é incondicional porque não se submete a formalidades; e, por fim, é ilimitado, pois, como cria a ordem jurídica, nenhuma outra norma pode limitar seu exercício. No entanto, como já exposto, Sieyès (1970, p.179-81) entende ser o poder constituinte limitado ao direito natural.

Para Ferreira Filho (1979, p.34), o poder constituinte originário é também autônomo, pois não está subordinado a nenhum outro.

Normalmente, esse poder é adotado em Estados que possuem constituições rígidas, como é o caso de nossa Constituição Federal de 1988.

Quanto à titularidade do poder constituinte, já dizia Sieyès ser ela da nação. Porém, hoje, predominantemente, prevalece o entendimento de que a titularidade do poder constituinte é do povo (apud Ferreira Filho, 1974, p.14 e 36), concepção esta atrelada à idéia de democracia, de soberania popular.

Tal entendimento, no entanto, não satisfaz totalmente o problema da titularidade, pois não é sempre que o sistema democrático impera nos Estados. Muitas vezes, é a força que sustenta o regime, e, nesse caso, o titular do poder constituinte será o governante e a Constituição, outorgada. No primeiro caso, a Constituição será promulgada.

Assim, duas são as formas de atuação do poder constituinte originário, quais sejam, as Assembléias Nacionais Constituintes e a revolução, em que os agentes serão, respectivamente, a Assembléia escolhida pelo povo ou os líderes da revolução.

Para Ferreira Filho (1974, p.35), "a questão da titularidade do poder constituinte é, em grande parte, uma problemática ideológica, porque está intimamente ligada à concepção política predominante num determinado momento".

O certo é que, para a existência da Constituição, o consenso dos governados é fundamental. Desse consentimento extrai-se a legitimidade do poder constituinte, que é condição de sua eficácia. Como uma operação matemática, a legitimidade está para o consenso assim como a legalidade está para o direito positivo. Ocorre que muitas vezes a obra é legítima, pois realizada com o consentimento dos governados, mas ilegal, porque contrária ao direito positivo, como no caso de revoluções. Para que se dê sua legalização, basta a edição da Constituição. Por outro lado, se um poder tiver apenas a legalidade e não o consentimento dos governados, será um poder de direito, mas não legítimo.

5.2 Poder constituinte derivado

O poder constituinte originário, ao estabelecer a Constituição, cria outros poderes, entre eles o poder constituinte derivado ou instituído, como muitos preferem denominá-lo. Esse é o poder destinado a instituir normas com a mesma força das normas constitucionais (emendas). A emenda e a norma originária estão no mesmo patamar hierárquico, adquirindo verdadeiro *status* de norma constitucional.

Pode ser caracterizado por ser derivado de outro; subordinado, por ter uma relação de subordinação com o originário; e condicionado, só podendo agir observando-se as condições impostas pelo poder originário.

Há autores, como Schmitt, Burdeau, Hauriou, Recaséns Siches, Pinto Ferreira, que apontam como uma quarta característica o fato de o poder constituinte ser derivado limitado, pois, se este recebeu a competência do poder originário, não pode ultrapassar os limites por ele fixados, devendo respeitar o seu estatuto. Outros, ao contrário, como Duguit, Joseph Barthélemy, Laferrière, Duverger, Vedel, consideram-no ilimitado, como se fosse uma extensão do poder originário, e como tal com poderes irrestritos para modificar o que criou (apud Ferreira Filho, 1979, p.25).

É um poder de direito, não havendo discussão quanto à sua natureza, como ocorre com o poder constituinte originário (se o poder é apenas legal, é de direito; com a legitimação passa a ser de fato).

5.2.1 Espécies

Duas são as espécies do poder constituinte derivado. A primeira, mais comum, é aquela que se destina a reformar a Constituição, nos termos do artigo 60 da CF, e que se materializa pelas emendas constitucionais, denominada poder constituinte derivado reformador. Já a segunda espécie, poder constituinte derivado decorrente, tem a incumbência de estabelecer a organização fundamental dos Estados federados, por meio de suas constituições estaduais.

5.2.2 Limitações

As emendas constitucionais estão inseridas no contexto do poder constituinte derivado reformador, mas este não pode utilizar-se de sua competência para a modificação do que bem entender. Há limitações, impostas pelo poder constituinte originário, que devem ser observadas. Tais limitações podem ser expressas (constam do texto constitucional) e implícitas (não constam do texto expresso, mas decorrem de uma interpretação teleológica).

No que se refere às implícitas, há na doutrina uma corrente minoritária que não as aceita, como Willoughbhy (defensor dessa doutrina nos Estados Unidos) e Ramirez (apud Ferreira Filho, 1974, p.144). A maioria, no entanto, admite existirem os limites implícitos, entre eles Souza Sampaio (1954, p.93 ss.).

Nas limitações expressas, temos as temporais, as circunstanciais, as materiais e as formais.

Geralmente, as constituições podem ser alteradas a qualquer tempo, mas nada impede que se estabeleça um prazo para que ocorram tais alterações. Hoje, em nossa Constituição, não há mais limitação temporal, como existiu na Constituição Política do Império do Brasil – 1824, quando havia um período a ser cumprido de quatro anos para modificação. Não se trata da limitação estipulada pelo artigo 3º, do Ato das Disposições Constitucionais Transitórias, pois a revisão por ele prevista não inclui as emendas constitucionais, não as proibindo. A revisão do artigo 3º é diferente da alteração provocada pela emenda, pois, no caso da revisão, prevê-se uma ampla mudança formal da Constituição, uma revisão geral do texto constitucional, sem que haja semelhanças entre eles. Além do mais, o quórum de votação é diferenciado: para revisão, maioria absoluta em sessão unicameral (Senado – 81 + Câmara dos Deputados – 513); para emenda constitucional, três quintos nas duas Casas. Permaneceram, entretanto, as limitações circunstanciais, materiais e formais.

O artigo 60, § 1º, traz as limitações circunstanciais, proibindo a emenda da Constituição durante períodos de intervenção federal, de estado de defesa ou de estado de sítio, pois, durante esses momentos, o país não tem a tranqüilidade necessária para que ocorra o processo legislativo de emenda constitucional.

Já o artigo 60, § 4º, apresenta o núcleo imodificável da Constituição Federal de 1988, isto é, as cláusulas pétreas, que são as limitações expressas materiais. Nelas, são determinadas matérias que não podem ser objeto de proposta de emenda constitucional.

Para Schmitt, a modificação da Constituição não pode afetar sua continuidade e identidade. Ele entende que, se o legislador constituinte gravou de imutabilidade certos preceitos, é porque estes contêm princípios fundamentais. Com sua alteração não se daria propriamente uma revisão, mas uma verdadeira supressão da Constituição (Mendes, 1997).

Há doutrinadores, como Nelson de Sousa Sampaio, que entendem existirem, além das limitações expressas materiais, também as limitações implícitas materiais (Silva, 1990, p.59; Sampaio, 1954, p.93ss.). Outros, como Manoel Gonçalves Ferreira Filho, sustentam que se existem as cláusulas expressas é porque o constituinte escolheu assim, estando excluídas as implícitas. A finalidade das cláusulas expressas seria a de não mais possibilitar a existência das cláusulas implícitas (Ferreira Filho, 1974, p.145-6).

A CF de 1988 determinou como núcleo imodificável a forma federativa de Estado; o voto direto, secreto, universal e periódico; a separação dos poderes; os direitos e garantias individuais. Adotou, portanto, o sistema de limitações expressas.

Segundo Carl Schmitt, o fundamento é político: "As cláusulas pétreas traduzem uma decisão política, a qual se exprime nos seus pontos fundamentais. Somente uma nova Constituição, nunca uma simples mudança em seu conteúdo, pode alterá-los, suprimi-los, substituí-los" (apud Ferreira Filho, 1997).

Ao emendar uma Constituição, como ocorreu com a EC nº 19/1998, o legislador ainda deverá observar as regras do processo legislativo para as emendas constitucionais. Trata-se das limitações formais, ou seja, o Congresso Nacional deverá proceder conforme o estabelecido na Constituição em termos de procedimento, de acordo com o estabelecido no item seguinte.

6 Processo legislativo

Para que se tenha um projeto de emenda, alguém deve iniciá-lo (fase da iniciativa). A iniciativa para emendas constitucionais é sempre qualificada, cabendo-a aos deputados federais (um terço), aos senadores (um terço), ao Presidente da República, ou a mais da metade das Assembléias Legislativas dos Estados, manifestando-se, cada uma delas, pela maioria relativa de seus membros (artigo 60, *caput*, da CF).

As emendas são apresentadas ao Congresso Nacional, devendo ser aprovadas nas duas Casas Legislativas, primeiro na deliberação principal e depois na deliberação revisional (fase constitutiva). Para saber em qual Casa será feita uma e outra, é preciso observar de quem foi a iniciativa. Se a iniciativa for da Câmara, aí será feita a deliberação principal, cabendo ao Senado a deliberação revisional. O mesmo se dará se a proposta tiver sido apresentada pelas Assembléias. Mas se a iniciativa partir do Senado Federal, a deliberação principal aí será feita, cabendo à Câmara dos Deputados a deliberação revisional.

Inicialmente, na deliberação principal, é feito um controle preventivo de constitucionalidade, pelo exame das limitações, realizado pela Comissão de Constituição e Justiça. Se aprovada, será feita a análise do mérito da proposta pela Comissão Especial, e para cada proposta de emenda haverá uma Comissão

Especial. Segue então para discussão e votação em plenário, as quais ocorrerão em dois turnos. Para a aprovação de emenda, são necessários os votos de três quintos dos membros da Casa, se rejeitada, a proposta será arquivada.

Com a aprovação, vai para a deliberação revisional, em que se fará também o controle preventivo de constitucionalidade (Comissão de Constituição e Justiça) e análise do mérito (Comissão Especial), seguindo para discussão e votação (se aprovada) também em dois turnos, com o quórum qualificado de três quintos. Se a proposta de emenda for "emendada", deverá, novamente, passar pela deliberação principal, adotando-se o mesmo procedimento.

Proposta de emenda aprovada pelo Congresso Nacional será promulgada pelas Mesas da Câmara dos Deputados e do Senado Federal (formadas pelos membros das respectivas Casas, individualmente) que determinarão sua publicação (fase complementar), fechando o ciclo da elaboração das emendas constitucionais.

Não existe, no processo legislativo em questão, a deliberação executiva, pois não se admite a ingerência do Poder Executivo na manifestação do exercício do poder constituinte derivado.

7 Controle de constitucionalidade

Caso o legislador aja, na elaboração das emendas, de forma contrária à prevista na Constituição, desrespeitando as formalidades e/ou as proibições, essa atitude resultará numa inconstitucionalidade formal ou material, ficando sujeitas ao controle de constitucionalidade pelo Judiciário. Este nada mais é que um meio de fiscalização da efetiva aplicação das normas e princípios contidos na Constituição.

Até o século XIX, principalmente nos Estados Unidos, discutia-se sobre a possibilidade de controle de constitucionalidade por parte do Judiciário, prevalecendo o entendimento de que era uma questão política. Ao considerar o seu caráter constitucional, a discussão amenizou-se no século XX, cabendo à Suprema Corte controlar as reformas constitucionais.

É por meio desse controle que a rigidez de nossa Constituição fica mais evidenciada, pois, se ele não existisse, qualquer lei poderia modificá-la, o que a tornaria frágil, sem a segurança jurídica necessária.

Por sua vez, o controle de constitucionalidade é um diferenciador entre o poder constituinte originário e o derivado, pois não há esse controle em relação ao originário. Se não houvesse essa fiscalização por parte do Judiciário ao poder constituinte derivado, não haveria diferença entre um e outro, tornando-o ilimitado e à mercê dos ímpetos do legislador em modificar a Constituição.

O controle de constitucionalidade é considerado uma forma de verificar se uma lei ou ato normativo está de acordo com a Constituição Federal, respeitando os requisitos formais e materiais. Assim, para que uma espécie normativa seja formalmente constitucional, observar-se-ão as normas constitucionais previstas para o respectivo processo legislativo, no que se refere tanto à iniciativa (requisitos formais subjetivos) quanto às fases constitutiva e complementar (requisitos formais objetivos). Além disso, verificar-se-ão o objeto da lei ou do ato normativo e sua compatibilidade com a Constituição Federal, respeitando-se, com isso, o requisito material.

7.1 Controle preventivo

Não é somente com o ingresso da lei ou ato normativo no mundo jurídico que se dá o controle. Durante o processo legislativo, já é possível verificar se uma lei está ou não eivada de inconstitucionalidade. Estará em ação o controle preventivo.

Duas são as formas possíveis de evitar o ingresso de leis inconstitucionais no ordenamento jurídico: a primeira forma de controle é exercida pelo Poder Legislativo pelas Comissões Permanentes de Constituição e Justiça, conforme o previsto no artigo 58 da CF. Sua função é a análise de compatibilidade do projeto de lei ou proposta de EC apresentados com a CF. Mas há também a participação do chefe do Poder Executivo no controle preventivo. Possibilidade esta expressa pelo Veto Jurídico (artigo 66, § 1º, da CF). Por essa hipótese, o Presidente da República poderá vetar o projeto de lei aprovado pelo Congresso Nacional por entendê-lo inconstitucional.

7.2 Controle repressivo

É realizado pelo Poder Judiciário que retira do ordenamento jurídico lei ou ato normativo já editados, porém contrários ao texto constitucional.

Há dois sistemas de controle repressivo: o difuso ou aberto, por via de exceção ou de defesa, de acordo com o artigo 97 da CF, e o concentrado ou reservado, por via de ação, previsto no artigo 102, inciso I, alínea a, da CF.

7.2.1 Difuso

Permite a qualquer Juiz e tribunal analisar em cada caso concreto, incidentalmente, a constitucionalidade ou não da lei ou ato normativo.

Há, entretanto, uma condição: para que se dê o controle difuso, deverá ser respeitada a cláusula de reserva de plenário estabelecida pelo artigo 97 da CF. Por essa regra, a inconstitucionalidade de lei ou ato normativo só será declarada se a votação tiver sido por maioria absoluta da totalidade dos membros do Tribunal ou, onde houver, dos integrantes do respectivo órgão especial.

Essa regra especial, no entanto, só é aplicada aos tribunais, cabendo ao Juiz monocrático a possibilidade de declarar a inconstitucionalidade de lei ou ato normativo, independentemente de qualquer condição.

O controle difuso também poderá ser exercido pelo Supremo Tribunal Federal (STF), incidentalmente, quando estiver decidindo o caso concreto (artigo 97 da CF e artigos 176 e 177 RISTF). Nesse caso, poderá oficiar ao Senado Federal para que suspenda a execução, no todo ou em parte, de lei declarada inconstitucional por decisão definitiva do STF, por meio de Resolução, nos moldes do artigo 52 da CF. No entanto, o Senado não estará obrigado a editar a Resolução, sendo sua atribuição meramente discricionária, cabendo a ele escolher o momento conveniente e oportuno.

É importante ressaltar que o controle jurisdicional feito sobre o processo legislativo em trâmite, inclusive quanto à EC, somente será possível na forma difusa e pelo ajuizamento dos remédios constitucionais do mandado de segurança pelos parlamentares que se sentirem prejudicados.

7.2.2 Concentrado

Para esse tipo de controle, a declaração de inconstitucionalidade de lei ou ato normativo em tese é obtida prescindindo da análise de um caso concreto.

São quatro as espécies de controle concentrado, a saber:

1 ação direta de inconstitucionalidade genérica – artigo 102, inciso I, alínea a, da CF;

2 ação direta de inconstitucionalidade interventiva – artigo 36, inciso III, da CF;

3 ação direta de inconstitucionalidade por omissão – artigo 103, § 2º, da CF;

4 ação declaratória de constitucionalidade – artigo 102, inciso I, alínea a, *in fine* (EC nº 3/1993).

Não cabe, neste trabalho, o aprofundamento da matéria, mas apenas uma síntese das espécies de controle concentrado pertinentes às Emendas Constitucionais, quais sejam, a ação direta de inconstitucionalidade genérica e a declaratória de constitucionalidade.

É de competência originária do STF o processamento e julgamento da ação direta de inconstitucionalidade de lei ou ato normativo federal ou estadual em tese, sendo objeto principal da ação a declaração de inconstitucionalidade.

Com a CF/1988 ampliou-se o número de legitimados para a propositura da ação direta de inconstitucionalidade que antes era reservada apenas ao Procurador Geral da República. Assim, estabeleceu o artigo 103 da CF:

> Podem propor a ação de inconstitucionalidade: I – o Presidente da República; II – a Mesa do Senado Federal; III – a Mesa da Câmara dos Deputados; IV – a Mesa de Assembléia Legislativa; V – o Governador de Estado; VI – o Procurador-Geral da República; VII – o Conselho Federal da Ordem dos Advogados do Brasil; VIII – partido político com representação no Congresso Nacional; IX – confederação sindical ou entidade de classe de âmbito nacional...

Exige-se, no entanto, a pertinência temática[2] por parte da Mesa da Assembléia Legislativa ou da Câmara Legislativa do Distrito Federal, do Governador do Estado ou do Distrito Federal e das confederações sindicais ou entidades de classe de âmbito nacional. Para os outros legitimados, a pertinência temática é presumida de forma absoluta.

É indispensável a presença do Advogado Geral da União, que funcionará como curador especial das normas infraconstitucionais; e do Procurador Geral da República, que fiscalizará a ação.

O procedimento está regulado no regimento interno do STF a partir do artigo 169, e seus efeitos são *ex tunc* e *erga omnes*, ou seja, a decisão terá efeito retroativo e validade para todos.

Já a ação declaratória de constitucionalidade, instituída pela EC nº 3, de 17/3/1993, também é de competência originária do STF. Essa ação visa declarar a validade de lei ou ato normativo federal, tornando absoluta uma presunção antes tida como rela-

---

2 Pertinência temática: é requisito objetivo da relação de pertinência entre a defesa do interesse específico do legitimado e o objeto da própria ação (Moraes, 1999, p.565).

tiva, ou seja, uma lei ou ato normativo federal, cujo conteúdo é duvidoso quanto à sua constitucionalidade, passa a ser constitucional de forma absoluta, afastando-se, com isso, o controle difuso de constitucionalidade.

Dúvidas poderiam surgir quanto a quais leis seriam amparadas pelo controle de constitucionalidade em questão. No entanto, atentando-se para o modo como a própria língua portuguesa é colocada, verifica-se que a lei sugerida pela EC nº 3 é qualquer lei, e não apenas lei federal. Se assim fosse, o termo federal deveria vir no plural, aludindo tanto ao termo lei quanto ao termo ato normativo, o que não ocorre. Ao contrário, o ato normativo referido é, sem dúvida, federal, como explicita a própria norma.

São legitimados para sua propositura: o Presidente da República, a Mesa do Senado Federal, a Mesa da Câmara dos Deputados e o Procurador Geral da República, tendo pertinência temática absoluta para pleitearem a declaração de constitucionalidade de lei ou ato normativo federal.

É adotado o mesmo procedimento da ação direta de inconstitucionalidade, com exceção do fim almejado. Na ação direta de inconstitucionalidade, o fim é a declaração de inconstitucionalidade de lei ou ato normativo; e, na declaratória de constitucionalidade, a declaração de constitucionalidade de lei ou ato normativo, ou seja, as finalidades são exatamente opostas. Além disso, é desnecessária a presença do Advogado Geral da União no procedimento da ação declaratória de constitucionalidade.

Nesse caso, os efeitos são *ex tunc*, *erga omnes* e vinculantes a todos os órgãos do Poder Executivo e aos demais órgãos do Poder Judiciário, pouco importando se procedente ou improcedente a ação declaratória de constitucionalidade.

3
Do direito adquirido

1 Conceito

A definição do que seja direito adquirido sempre foi questão amplamente discutida pela doutrina.

Cabral de Moncada (1995, p.199) em suas lições assim entendeu: "Rigorosamente poderia mesmo dizer que todo direito, se é direito, é porque já é adquirido; se não é adquirido, é porque ainda não é direito".

Ainda hoje, o que tem prevalecido, no entanto, é a noção de direito adquirido trazida por Gabba e composta dos seguintes elementos: ter sido produzido por um fato idôneo para a sua produção; ter se incorporado definitivamente ao patrimônio do titular. Para Gabba (1891, apud Rao, 1991),

> adquirido é todo direito resultante de um fato capaz de produzi-lo segundo a lei em vigor ao tempo em que este fato se verificou, embora a ocasião de fazê-lo valer não se haja apresentado antes da atuação de uma lei nova sobre o mesmo direito; direito este que, de

conformidade com a lei sob a qual aquele fato foi praticado, passou, imediatamente, a pertencer ao patrimônio de quem o adquiriu.

Na mesma linha de raciocínio, Silva (1967) afirma que "direito adquirido é o direito que já se incorporou ao patrimônio da pessoa, já é de sua propriedade, já constitui um bem, que deve ser protegido contra qualquer ataque exterior que ouse ofendê-lo ou perturbá-lo".

Direito adquirido, portanto, é o direito que ingressou efetivamente no patrimônio de uma pessoa e que pode ser exercido segundo a vontade do titular, e exigível na via jurisdicional quando não for possível exercê-lo.

As constituições brasileiras, com exceção da de 1937, sempre dispuseram sobre a matéria.

A Carta Imperial de 1824, em seu artigo 179, § 3º, já estabelecia a impossibilidade de o dispositivo legal ter efeito retroativo. Já a Constituição de 1891 dispunha no artigo 11, § 3º, regra expressa de que era vedado ao Estado, como à União, prescrever leis retroativas. Da mesma forma, as constituições de 1934 (artigo 113, § 3º), 1946 (artigo 141, § 3º), 1967 (artigo 150, § 3º) e Emenda nº 1/1969 (artigo 153, § 3º) dispuseram sobre direito adquirido, sem, contudo, defini-lo.

Como citado, a Carta de 1937 não previu o assunto, o que possibilitou a edição de leis retroativas durante sua vigência. Do exposto, verifica-se que as constituições limitaram-se a afirmar o respeito aos direitos adquiridos, ao ato jurídico perfeito e à coisa julgada, e a proibir exceção por parte de qualquer lei.

Na atual Constituição Federal, de 1988, a matéria consta do artigo 5º, inciso XXXVI. Porém, como em todas as outras ocasiões, não há nenhuma definição dos institutos mencionados.

> ART. 5º...
> XXXVI – a lei não prejudicará o direito adquirido, o ato jurídico perfeito e a coisa julgada; ....".

Por sua vez, a Lei de Introdução ao Código Civil Brasileiro (Decreto-Lei nº 4.657/42, modificado pela Lei nº 3.238/57) conceituou em seu artigo 6º, § 2º, o que vem a ser direito adquirido:

> ART. 6º..
> § 2º – Consideram-se adquiridos assim os direitos que o seu titular ou alguém por ele, possa exercer, como aqueles cujo começo do exercício tenha têrmo pré-fixo, ou condição preestabelecida inalterável, a arbítrio de outrem.

2 Retroatividade e irretroatividade de leis

A matéria em questão – direito adquirido – está intimamente relacionada com a irretroatividade e retroatividade das leis, ou seja, com o direito intertemporal.

Não há, no entanto, na Carta Magna de 1988, consagração do princípio da irretroatividade, como sustentam Caio Mário da Silva Pereira (1989, p.114) e Washington de Barros Monteiro (1999, p.30-3), tampouco do princípio da retroatividade, como afirma Sílvio Rodrigues (1999, p.19-21):

> Entre nós a lei é retroativa, e a supressão do preceito constitucional que, de maneira ampla, proibia leis retroativas constituiu um progresso técnico. A lei retroage, apenas não se permite que ela recaia sobre o ato jurídico perfeito, sobre o direito adquirido e sobre a coisa julgada.

A retroatividade não é vedada pela norma constitucional. Apesar disso, o princípio geral do direito é a irretroatividade. As leis são feitas para vigorar e incidir para o futuro. Para que tenha efeitos retroativos, a norma tem que ser explícita, caso contrário, será inconstitucional. Ressalte-se, contudo, que o direito adquirido, o ato jurídico perfeito e a coisa julgada sempre serão resguardados.

Sustenta Carlos Mário da Silva Velloso (1972, p.180):

> Um direito adquirido por força da Constituição, obra do Poder Constituinte originário, há de ser respeitado pela reforma constitucional, produto do Poder Constituinte instituído, ou de 2º grau, vez que este é limitado, explícita e implicitamente pela Constituição.

Apesar de posicionamentos para resguardar a segurança das relações jurídicas, Carmem Lúcia Antunes Rocha (1989, p.3-11) afirma que

> a partir da vigência da norma constitucional cessam os efeitos de qualquer outra norma que se lhe antecede e que dela se distinga, bem como as situações, que nestas se embasem e que ainda não se tenham consumado quando do advento da nova regra fundamental, pois contra a eficácia plena e imediata da norma constitucional não se pode alegar direito adquirido, vez que ela é o ato criador de uma nova ordem, não se estancando diante de qualquer situação anteriormente forjada, mesmo aquele que se cunhou e se aperfeiçoou sobre a base constitucional decaída.

Da mesma forma, posicionou-se o STF:

> não há direito adquirido contra texto constitucional, resulte ele do Poder Constituinte originário ou do Poder Constituinte derivado. Em outras palavras, a Constituição, ao aplicar-se de imediato, não desfaz os efeitos passados de fato, salvo se expressamente estabelecer o contrário, mas alcança os efeitos futuros de fatos a ela anteriores, exceto se os ressalvar de modo inequívoco.[1]

O direito intertemporal tenta dirimir as várias questões que aparecem do confronto entre a lei revogada e a lei revogadora. Desse estudo depende a estabilidade que as pessoas esperam ter ao verem asseguradas as relações firmadas sob a égide de

---

[1] RTJ, Brasília, Rel. Ministro Moreira Alves, nº 114, out. 1985, p.237.

uma norma, mesmo quando esta for revogada por outra, pois o objetivo principal de uma norma jurídica é dar certeza à relação do homem na sociedade.

É certo que a lei pode perder sua eficácia de várias maneiras: ou porque ela mesma previu, ou porque foi criada para regular situação transitória. Normalmente, entretanto, a lei perde sua eficácia quando outra a revogar expressa ou tacitamente.

Quando a lei revogada surte efeitos para o indivíduo, poderá surgir um direito subjetivo, sendo este garantido jurisdicionalmente. Assim, o titular do direito subjetivo já o terá integrado ao seu patrimônio mesmo se ainda não o tiver exercido. É nesse contexto que se apresenta a proteção constitucional expressa pelo artigo 5º, inciso XXXVI, da CF.

Se o direito subjetivo for exercido, terá ocorrido o fato consumado, mas se, ao contrário, não tiver sido exercido, transformar-se-á em direito adquirido, pois o direito já estava incorporado definitivamente ao patrimônio do titular.

Dessa forma, uma lei nova não poderá, de modo algum, prejudicá-lo, mesmo se não tiver sido exercido.

3 Direito adquirido no âmbito do direito administrativo

À luz do conceito de Gabba, o direito adquirido é sempre um direito incorporado ao patrimônio de quem o adquiriu, restringindo-se, assim, ao âmbito do direito privado.

Clóvis Bevilácqua (1953, p.14), porém, assim entendeu: "Os direitos adquiridos, que as leis devem respeitar, são vantagens individuais, ainda que ligadas ao exercício de funções públicas".

Vê-se que esse autor ampliou os horizontes, estendendo os direitos adquiridos ao direito público, muito embora nem todos tomem partido dessa posição. É o caso de Ruggiero (apud Ferreira Filho, 1997), expoente da doutrina tradicional:

O fato já verificado, considerado em si e em seus efeitos futuros, deve ser governado pela lei em vigor ao tempo em que se verificou, mas só em certas matérias que são, principalmente, aquelas nas quais predomina a vontade individual e o interesse dos indivíduos; nas matérias, porém, nas quais predomina o interesse do Estado e a ordem pública, ocorre a aplicação imediata da lei nova.

Da mesma forma, José Afonso da Silva (1998, p.124) doutrina: "não corre direito adquirido contra o interesse coletivo, porque aquele é manifestação de interesse particular que não pode prevalecer sobre o interesse geral".

Para Manoel Gonçalves Ferreira Filho (1997), existe o direito adquirido em relação ao direito público; no entanto, "deve este estar restrito a vantagens materiais incorporadas ao patrimônio do servidor e direitos resultantes de atos negociais da Administração. Não exclui, todavia, a aplicação da lei nova a tudo o que não for vantagem patrimonial".

Em razão dos diversos problemas enfrentados pelo Poder Público, as reformas introduzidas no serviço público são cada vez em maior número, o que gera certa insegurança para os servidores que esperam ver seus direitos resguardados de eventuais modificações que surtam efeitos em suas relações com o Estado. Dessa forma, o conceito de direito adquirido deve, sim, estender-se aos agentes públicos que já tenham direitos incorporados ao seu patrimônio, criando, com isso, uma segurança jurídica cada vez mais fortalecida e maior tranqüilidade nas relações do particular com o Poder Público.

No tocante à aposentadoria voluntária, o STF, pela Súmula nº 359, entendia que, para o direito ser adquirido, era preciso o requerimento de aposentadoria, isto é, a manifestação de vontade do servidor.[2]

---

[2] Súmula nº 359: ressalvada a revisão prevista em lei, os proventos da inatividade regulam-se pela lei vigente ao tempo em que o militar, ou servidor civil, reuniu os requisitos necessários, inclusive a apresentação do requerimento, quando a inatividade for voluntária.

Hoje, no entanto, essa súmula perdeu o sentido, pois o STF já entende de forma mais abrangente que

> Se, na vigência da lei anterior, o servidor preenchera todos os requisitos exigidos, o fato de, na sua vigência, não haver requerido a aposentadoria não o fez perder o seu direito já que estava adquirido. Um direito já adquirido não se pode transmudar em expectativa de direito, só porque o titular preferiu continuar trabalhando e não requereu a aposentadoria antes de revogada a lei em cuja vigência ocorrera a aquisição do direito. Expectativa de direito é algo que antecede a aquisição; e não pode ser posterior a esta.[3]

No mesmo sentido:

> Servidor Público estadual. Caracterização de tempo de serviço público; direito adquirido. Estabelecido na lei que determinado serviço se considera como tempo de serviço público, para os efeitos nela previstos, do fato inteiramente realizado nasce o direito, que se incorpora imediatamente no patrimônio do servidor, essa qualificação jurídica do tempo de serviço consubstanciando direito adquirido, que a lei posterior não pode desrespeitar. Rec. Extraordinário conhecido, mas desprovido. Votos vencidos.[4]

Cretella Júnior (1999, p.158) também é favorável à aplicação do direito adquirido no âmbito do direito administrativo:

> Quando durante a vigência de determinada lei, alguém adquire um direito, este se incorpora ao patrimônio do titular, mesmo que este não o exercite, de tal modo que o advento de lei nova não atinge o *status* conquistado, embora não exercido ou utilizado, como, por exemplo, o agente público que, após 30 anos de serviço, adquire direito à aposentadoria, conforme a lei então vigente, e não atingido pela lei nova que fixa em 35 anos o requisito para a

---

[3] MS 11395, Rel. ministro Luís Gallotti. *Interesse Público*, São Paulo, n.2, p.25, 1999.
[4] RE 82881-SP, Rel. ministro Eloy da Rocha. *RTJ*, Brasília, n.79, p.268-9, jan., 1977.

aposentadoria. O não exercício do direito, nesse caso, não implica a perda do direito, adquirido na vigência da lei anterior ... Qualquer ameaça ou medida concreta de cercear tal direito encontraria a barreira constitucional do direito adquirido. O direito adquirido, em virtude da relação de função pública, denomina-se direito subjetivo público e é oponível ao Estado *pro labore facto*. Incorporado ao patrimônio do funcionário, pode ser exigido a qualquer época, a não ser que texto expresso de lei lhe fixe o período de exercício.

4 O direito adquirido e a EC nº 19/1998

A par dessas considerações, vem o legislador, no uso do poder constituinte derivado reformador, estabelecer, pela EC nº 19/1998, o artigo 29, com o seguinte teor: "Os subsídios, vencimentos, remuneração, proventos da aposentadoria e pensões e quaisquer outras espécies remuneratórias adequar-se-ão, a partir da promulgação desta Emenda, aos limites decorrentes da Constituição Federal, não se admitindo a percepção de excesso a qualquer título".

Por sua vez, o artigo 17 do ADCT decorrente do poder constituinte originário previu:

> Os vencimentos, a remuneração, as vantagens e os adicionais, bem como os proventos de aposentadoria que estejam sendo percebidos em desacordo com a Constituição serão imediatamente reduzidos aos limites dela decorrentes, não se admitindo, neste caso, invocação de direito adquirido ou percepção de excesso a qualquer título.

Tendo em vista os artigos citados, duas conseqüências surgem: a primeira leva em consideração o artigo 17 do ADCT. Atendo-se a esse dispositivo, vê-se que o legislador constituinte quis, com o texto, afirmar não ter cabimento a invocação de direito adquirido ante a nova ordem jurídica trazida pelo uso do poder constituinte originário. É clara a intenção da norma constitucional originária de suprimir situações já adquiridas.

Tal restrição, no entanto, foi clara apenas com relação às normas originárias, mas não no tocante àquelas advindas do poder constituinte derivado reformador, daí a segunda conseqüência. Assim, conclui-se que o previsto pelo artigo 29 da EC nº 19/1998 só proíbe o excesso aos limites decorrentes da Constituição Federal após a promulgação da EC, não restringindo, todavia, a invocação dos direitos adquiridos anteriormente à emenda.

Sob essa ótica, deve também ser tratada a estabilidade. Com isso, aqueles que já eram estáveis sob a égide da CF de 1988 não podem ter sua estabilidade flexibilizada. As novas normas constitucionais advindas da EC nº 19/1998 só são aptas a incidir perante as relações subjetivas surgidas após a emenda.

Aqueles servidores que tenham incorporado ao seu patrimônio vencimentos atuais superiores ao futuro teto salarial (subsídio do Ministro do Supremo Tribunal Federal) não poderão vê-los restringidos por força da EC nº 19/1998, sob pena de desrespeito aos direitos adquiridos.

Apesar de a jurisprudência afirmar não haver direito adquirido a regime jurídico,[5] isso nada tem a ver com direito adquirido a vantagens pessoais. Se um servidor público em exercício de função, na vigência de determinado regime jurídico, tivesse incorporado aos seus rendimentos dois qüinqüênios (acréscimo de determinada verba como adicional por tempo de serviço

---

5 Direito Constitucional e Administrativo – Servidor do Estado de Santa Catarina – Vencimentos – Agregação – Direito Adquirido: Inocorrência – Lei Complementar Estadual nº 43/92 – Súmula 339 – 1 – É firme a jurisprudência do STF, no sentido de que não há direito adquirido a regime jurídico, havendo precedentes específicos na 1ª Turma e no Plenário, contrários ao acórdão recorrido, que ainda deixou de observar os princípios constitucionais levados em consideração na Súmula 339.2 – RE conhecido e provido, para se julgar improcedente a ação, nos termos do voto do Relator. STF – RE 24/853 – SC – 1ª Turma – Rel. Ministro Sydney Sanches – Unânime – DJU 21.5.99.

a cada cinco anos), após dez anos de efetivo exercício faria jus à integralização em seu patrimônio a esses dois qüinqüênios. Mesmo com eventual mudança de regime jurídico, que venha a proibir a concessão de qüinqüênios, o servidor não perderia os acréscimos, pois já constituem direito adquirido; não teria, no entanto, direito à aquisição de novos qüinqüênios.

Concluindo, os direitos adquiridos devem ser respeitados, em que pesem as alterações impostas pela EC nº 19/1998, sendo aplicáveis apenas a situações que venham a ocorrer após a sua promulgação.

Além do mais, a revogação do direito adquirido, do ato jurídico perfeito e da coisa julgada pelo poder constituinte derivado é matéria que não pode vingar, em face da atual Carta Magna.

Esses institutos estão contidos em um dos inúmeros incisos do artigo 5º, qual seja, inciso XXXVI, da CF, que dispõe sobre os direitos e garantias individuais. Mais adiante, no artigo 60, § 4º, inciso IV, da CF está previsto que:

"§ 4º – Não será objeto de deliberação a proposta de emenda tendente a abolir:
IV – os direitos e garantias individuais."

Logo, por uma questão de lógica e por expressa proibição constitucional (limitação material expressa), não se poderão abolir o direito adquirido, o ato jurídico perfeito e a coisa julgada pelo poder constituinte derivado, uma vez que fazem parte do rol dos direitos e garantias individuais. Segundo o Ministro Celso de Mello:

> atos de revisão constitucional – tanto quanto as emendas à Constituição – podem assim também incidir no vício da inconstitucionalidade configurando este pela inobservância de limitações jurídicas superiormente estabelecidas no texto da Carta Política por deliberação do órgão exercente das funções constituintes primárias ou originárias.[6]

---
6 *RTJ*, Brasília, n.153, p.786, set., 1995.

4
A emenda nº 19/1998

É no contexto dos capítulos anteriores que se insere a EC nº 19/1998.

Editada pelo Congresso Nacional no exercício do poder constituinte derivado reformador, a EC nº 19/1998 entrou em vigor na data de sua promulgação, 4 de junho de 1998. Com ela vieram a reforma administrativa e a alteração legal de várias matérias, nesta obra abordadas.

Inseridas na Organização do Estado, título III, da CF, foram modificadas a competência material da União e a competência legislativa privativa da União; foram fixados os subsídios dos agentes políticos; acrescentou-se o princípio da eficiência aos já existentes princípios da Administração Pública; estendeu-se o acesso a cargos, empregos e funções públicas aos estrangeiros; além de modificações no que tange a concurso público, cargos em comissão e funções de confiança, direito de greve do servidor público civil, remuneração e subsídio; estabeleceu-se o teto salarial do Poder Público e a irredutibilidade de subsídios e vencimentos; proibição à vinculação, à equiparação remuneratória e ao efeito "repicão" no serviço público. Cuidou, ainda, da acumulação remunerada de cargos públicos, da criação de entidades paraestatais, da participação do usuário na Administração Pública, das restrições de acesso a informações privilegiadas aos ocupantes de cargo ou emprego da Administração direta e indireta e do contrato de gestão.

A EC nº 19/1998 também reformou o mandato eletivo do servidor público, pôs fim ao regime jurídico único e estabeleceu as escolas de governo, além de dispor sobre padrões de vencimento e definir o subsídio. Alterou os critérios para aquisição da estabilidade do servidor público concursado, inovando com a implantação da avaliação especial de desempenho.

Na organização dos poderes, foram modificadas normas de organização do Poder Legislativo, do Executivo, do Judiciário e do Ministério Público. A Advocacia Pública, os Procuradores e Defensores Públicos também mereceram atenção.

Por fim, a segurança pública, o orçamento, a ordem econômica e financeira, a ordem social e os supramencionados são os temas elencados pelo legislador constituinte para a reforma administrativa e considerados relevantes para a reestruturação da Administração Pública, e que serão, a partir deste capítulo, analisados.

1 Organização do Estado – artigo 1º da EC nº 19/1998

1.1 Competência material da União – artigo 21, incisos XIV e XXII da CF

ART. 1º – Os incisos XIV e XXII do art. 21 e XXVII do art. 22 da Constituição Federal passam a vigorar com a seguinte redação:

"Art. 21 – Compete à União:

....

XIV – organizar e manter a polícia civil, a polícia militar e o corpo de bombeiros militar do Distrito Federal, bem como prestar assistência financeira ao Distrito Federal para a execução de serviços públicos, por meio de fundo próprio;

....

XXII – executar os serviços de polícia marítima, aeroportuária e de fronteiras;

....,,

"Art. 22 – Compete privativamente à União legislar sobre:

....

XXVII – normas gerais de licitação e contratação, em todas as modalidades, para as administrações públicas diretas, autárquicas e fundacionais da União, Estados, Distrito Federal e Municípios, obedecido o disposto no art. 37, XXI, e para as empresas públicas e sociedades de economia mista, nos termos do art. 173, § 1º, III;

....,,

ART. 19 – O § 1º e seu inciso III e os §§ 2º e 3º do art. 144 da Constituição Federal passam a vigorar com a seguinte redação, inserindo-se no artigo § 9º:

"Art.144..

§ 1º – A polícia federal, instituída por lei como órgão permanente, organizado e mantido pela União e estruturado em carreira, destina-se a:

....

III – exercer as funções de polícia marítima, aeroportuária e de fronteiras;

....

§ 2º – A polícia rodoviária federal, órgão permanente, organizado e mantido pela União e estruturado em carreira, destina-se, na forma da lei, ao patrulhamento ostensivo das rodovias federais.

§ 3º – A polícia ferroviária federal, órgão permanente, organizado e mantido pela União e estruturado em carreira, destina-se, na forma da lei, ao patrulhamento ostensivo das ferrovias federais.

....

§ 9º – A remuneração dos servidores policiais integrantes dos órgãos relacionados neste artigo será fixada na forma do § 4º do art. 39."

A EC nº 19/1998 tem como um de seus pressupostos o controle de despesas e finanças públicas.

Já em seu primeiro artigo, entretanto, traz como uma de suas modificações um aumento de despesas para a União, pois passa a estabelecer como competência legal e obrigatória o dever de prestar assistência financeira ao Distrito Federal para execução de seus serviços públicos. É o que agora dispõe o artigo 21, inciso XIV, da CF, que trata da participação da União na segurança pública.

Dispõe esse artigo sobre as competências materiais da União (ou administrativas da União), sendo estas exclusivas, uma vez que não permitem que outros entes federais atuem sobre elas. São os chamados poderes enumerados.

Para um melhor entendimento da matéria a ser exposta, é preciso localizá-la no contexto teórico, analisando o conceito de competência, suas espécies e diferenças.

Primeiramente, conforme José Afonso da Silva (1998, p.413), competências "são as diversas modalidades de poder de que se servem os órgãos ou entidades estatais para realizar suas funções", são atribuições de funções dadas a um órgão, a um agente do Poder Público.

Em nosso sistema constitucional de repartição de competências, prevalece o princípio da predominância do interesse, ou seja, à União caberão as matérias de interesse geral, aos Estados matérias de interesse regional, e aos Municípios matérias de interesse local.

Essa competência é dividida em dois grandes grupos, que se subdividem da seguinte forma: 1. competência material, dividida em exclusiva (artigo 21 da CF) e comum, cumulativa ou paralela (artigo 23); 2. competência legislativa, dividida em exclusiva (artigo 25, §§ 1º e 2º), privativa (artigo 22), concorrente (artigo 24), e suplementar (artigo 24, § 2º). Ainda podem ser classificadas quanto à forma, ao conteúdo, à extensão e à origem. Em razão do objeto desse tópico, deve-se ater à competência quanto à extensão.

Exclusiva é a competência indelegável, pois, se atribuída determinada matéria a um dos entes federativos, exclui a possibilidade de qualquer outro vir a tê-la (exclusivas materiais – artigos 21, 25, §§ 2º e 3º, e 30, incisos IV a IX; exclusivas legislativas – artigos 25, § 1º e 30, inciso I, todos da CF).

Privativa é aquela em que há atribuição de matéria ao ente federativo, mas este pode delegá-la (artigo 22 da CF). Essa delegação far-se-á por meio de lei complementar.

A diferença existente entre essas duas reside justamente no fato de que na primeira não é possível a delegação de competência, já na segunda essa delegação pode ocorrer.

Comum, *paralela* e *cumulativa* são competências em que as várias entidades podem atuar em pé de igualdade, sem que a manifestação de uma venha a excluir a de outra (artigo 23 da CF – deveres éticos do Estado, da União, do Distrito Federal e dos Municípios).

Na *concorrente*, mais de um ente pode legislar sobre a mesma matéria, cabendo à União a competência sobre as normas gerais, e aos Estados a competência sobre as normas especiais (artigo 24 da CF). Nesse caso, se a União não fizer a norma geral, o Estado legisla plenamente, com a condição de ter sua eficácia suspensa, caso a União legisle após o Estado, no que for contrária a ela (artigo 24, §§ 2º, 3º e 4º, da CF). Essa competência cabe também aos Municípios (artigo 30, inciso II da CF). Nesse último caso, o que há é a competência suplementar existente quando o Estado ou o Município podem complementar a norma geral, ou quando há sua omissão.

O descrito no inciso XIV do artigo 21 da CF, que fixa os chamados poderes enumerados da União, na verdade, não foi modificado em sua essência. Para estudá-lo, é preciso verificar o artigo 19 da EC nº 19/1998 que alterou o § 1º e seu inciso III e os §§ 2º e 3º do artigo 144 da CF, além de acrescentar a ele o § 9º, porque a mudança introduzida foi tão-somente quanto ao local de previsão, passando a matéria aludida no inciso XIV do artigo 21 da CF a ser disposta em seu artigo 144. Preferiu o legislador inserir as polícias federal, rodoviária federal e ferroviária federal no capítulo dedicado à segurança pública, utilizando-se de um critério lógico formal. O § 9º, acrescentado pela EC nº 19/1998, cuida da remuneração dos servidores policiais especificados no artigo 144 da CF. Essa remuneração, no entanto, será na forma do § 4º do artigo 39 da CF, qual seja, o subsídio. Há, portanto, uma extensão da espécie de remuneração própria dos agentes políticos aos integrantes das polícias constantes do artigo 144 da CF, abrangendo as polícias federal, rodoviária federal, ferroviária federal, civil, militar e corpo de bombeiros militar.

A novidade ficou por conta do acréscimo introduzido, em que a União passa a ser obrigada, nos termos da EC nº 19/1998, a financiar o Distrito Federal para execução de seus serviços públicos. Esse custeio não quer dizer integral, mas apenas uma ajuda, pois o Distrito Federal tem suas próprias receitas, conforme o disposto no artigo 145 e seguintes da CF, em que trata do sistema tributário nacional.

Pela redação anterior, a competência da União restringia-se a organizar e manter as polícias civil, militar e o corpo de bombeiros militar do Distrito Federal. Agora, além de organizá-las e mantê-las, a União deverá prestar assistência financeira para a execução dos demais serviços públicos, por meio de fundo próprio a ser constituído por lei ordinária. Se desviada a finalidade do fundo, poderá ensejar ação popular a ser proposta nos moldes estabelecidos pelo artigo 5º, inciso LXXIII da CF. Na ausência de tal lei, fica a União obrigada a manter os atuais compromissos financeiros ("organizar e manter a polícia federal, a polícia rodoviária e a ferroviária federais, bem como a polícia civil, a polícia militar e o corpo de bombeiros militar do Distrito Federal e dos Territórios") com a prestação de serviços públicos do Distrito Federal, de acordo com o artigo 25 da EC nº 19/1998.[1]

Ao inciso XXII do artigo 21 da CF acrescentou-se apenas a palavra "aeroportuária", o que não representou uma mudança substancial, já que se subentendia entre os doutrinadores a existência dessa polícia.

1.2 Competência legislativa privativa da União – artigo 22 da CF

> ART. 22 – O § 1º do art. 173 da Constituição Federal passa a vigorar com a seguinte redação:
> "Art.173..
>
> § 1º – A lei estabelecerá o estatuto jurídico da empresa pública, da sociedade de economia mista e de suas subsidiárias que explorem atividade econômica de produção ou comercialização de bens ou de prestação de serviços, dispondo sobre:
> I – sua função social e formas de fiscalização pelo Estado e pela sociedade;
> II – a sujeição ao regime jurídico próprio das empresas privadas, inclusive quanto aos direitos e obrigações civis, comerciais, trabalhistas e tributários;

---

[1] "Art. 25 – Até a instituição do fundo a que se refere o inciso XIV do art. 21 da Constituição Federal, compete à União manter os atuais compromissos financeiros com a prestação de serviços públicos do Distrito Federal."

III – licitação e contratação de obras, serviços, compras e alienações, observados os princípios da Administração Pública;
IV – a constituição e funcionamento dos conselhos de administração e fiscal, com a participação de acionistas minoritários;
V – os mandatos, a avaliação de desempenho e a responsabilidade dos administradores."

Esse artigo trata das competências legislativas privativas da União. Mas, para entender a alteração introduzida pela EC nº 19/1998, outro artigo, também modificado, deverá ser citado neste contexto, ou seja, o artigo 173, § 1º, inciso III, da CF.

À União compete, dentre os 29 incisos do artigo 22, mais precisamente em seu inciso XXVII, legislar sobre normas gerais de licitação. Em respeito aos princípios constitucionais da legalidade, moralidade, impessoalidade, publicidade, eficiência e, ainda, probidade administrativa, é que a Administração Pública deve adotar a licitação nos contratos em que haja responsabilidade do erário público, sendo inválidos todos aqueles que estiverem em desacordo com tais preceitos. Ao contrário dos contratos particulares, em que imperam o consenso e a liberdade na escolha de suas normas. A EC nº 19/1998 não modificou a competência da União na elaboração de normas gerais de licitação, mas modificou a matéria que cuida das licitações e contratos da Administração Pública direta e indireta.

Cumpre, primeiramente, para perfeito entendimento do tópico ora estudado, esclarecer a distinção que se faz entre Administração Pública direta e Administração Pública indireta, uma vez que a lei licitatória é a ambas aplicada.

O conjunto de órgãos integrantes da pessoa pública, que presta serviços públicos, representada pela própria pessoa política (União, Estados, Distrito Federal ou Municípios), atuando pela estrutura administrativa da chefia do Executivo e de seus ministérios e/ou secretários, caracteriza a Administração direta. Já a

Administração indireta é a pessoa jurídica de direito público ou de direito privado que colabora com o Estado na gestão dos serviços públicos, compreendendo as autarquias, as empresas públicas, as sociedades de economia mista e as fundações.

Uma vez que o artigo 173, § 1º, da CF, também em comento, faz referência às empresas públicas e sociedades de economia mista, é importante constar seus conceitos já definidos pelo Decreto-Lei nº 200/67, modificado pelo Decreto-Lei nº 900/69.

Assim, é considerada sociedade de economia mista

> a entidade dotada de personalidade jurídica de direito privado, criada por lei para a exploração da atividade econômica, sob a forma de sociedade anônima, cujas ações com direito a voto pertençam em sua maioria à União ou a entidade da Administração indireta.

E empresa pública

> a entidade dotada de personalidade jurídica de direito privado, com patrimônio próprio e capital exclusivo da União, criada por lei para a exploração de atividade econômica, que o Governo seja levado a exercer por força de contingência ou de conveniência administrativa, podendo revestir-se de qualquer das formas admitidas em direito.

Com base numa interpretação literal do texto legal, poder-se-ia chegar ao entendimento de que não são empresas públicas e nem sociedades de economia mista todas aquelas que prestarem serviço público. No entanto, tal entendimento não procede, pois grande parte das empresas governamentais existe para prestação de serviço público. Dessa forma, doutrina Celso Antonio Bandeira de Mello (1987):

> Eis a razão pela qual se deve entender que o legislador federal se expressou de modo tecnicamente inadequado, deixando de atentar para a existência de uma significação jurídica específica no sistema constitucional brasileiro para a expressão exploração de atividade econômica.

É nesse contexto que questionamentos acontecem, como em se saber se essas entidades estão ou não obrigadas a cumprir as normas de licitação.

A lei de licitações, no parágrafo único do seu artigo 1º, estabelece que tanto a Administração direta como a indireta deverão subordinar-se a ela.

Com base na definição de Administração Pública indireta, verifica-se que as empresas públicas e sociedades de economia mista nela estão inseridas. Porém, a EC nº 19/1998 trouxe à tona a diferenciação existente entre as empresas públicas e as sociedades de economia mista que exploram atividade econômica e as prestadoras de serviço público.

Com isso, estabeleceu-se uma celeuma entre os doutrinadores, intérpretes do direito, o que favoreceu o surgimento de vários posicionamentos. Consideram alguns que quando estas prestam serviços públicos fazem parte da Administração indireta, mas, quando exploram atividades econômicas não a integram. É esse o posicionamento de Alice Gonzales Borges. Para ela, quando as entidades da Administração indireta estiverem realizando atividade econômica, conforme o artigo 173, § 1º da CF, e não prestando serviços públicos, deverão submeter-se às normas de direito privado, estando dispensadas de licitação pública.[2]

Cuida, portanto, das sociedades de economia mista e das empresas públicas o artigo 173, § 1º, inciso III, da CF. Estas, para licitar ou contratar, deverão ter autorização prevista em lei formal, isto é, lei federal, e não em simples regulamento, devendo obediência tanto aos princípios da Administração Pública como aos princípios da licitação.

Celso Antonio Bandeira de Mello apresenta o entendimento dominante na doutrina pátria: "o § 1º... está reportado à licitação e contratos efetuados por empresas públicas, sociedades

---

2 *RDP*, São Paulo, n.96, p.90, out./dez. 1990.

de economia mista e suas subsidiárias que explorem atividades econômicas...".[3] Portanto, só se enquadram no inciso III, do § 1º, do artigo 173 da CF estas sociedades; àquelas criadas para prestação de serviços públicos não se estende tal dispositivo.

A expressão "prestação de serviços", contida no § 1º do artigo 173 da CF, é entendida como uma modalidade de atividade econômica. Assim, com base nessa interpretação, tem-se que a atividade econômica comporta duas modalidades: produção ou comercialização de bens ou prestação de serviços.

Isso, no entanto, não significa que elas estão dispensadas da exigência de prévio procedimento licitatório em suas contratações, caso ainda não haja lei, pois os princípios básicos estatuídos pela lei de licitações devem ser observados em qualquer situação. Nessa hipótese, a Lei nº 8.666/1993 continuará sendo obrigatória para as empresas públicas e sociedades de economia mista exploradoras de atividade econômica, até que se elabore a nova lei. Com sua edição, haverá dois regimes jurídicos, um para a Administração direta e indireta, excluídas as empresas públicas e sociedades de economia mista que explorem atividade econômica, que se submeterão à nova lei federal. É a tese da qual partilhamos.

Da mesma forma, posiciona-se Cláudia Fernanda de O. Pereira (1999, p.760-78):

> A remissão expressa ao mencionado dispositivo apenas para a Administração direta, autárquica e fundacional causa total perplexidade, porque não se eliminou a realização de licitação para as empresas públicas e sociedades de economia mista, como se verá, pois a redação aprovada para o art. 173, § 1º, III, prevê que lei estabelecerá o estatuto jurídico desses entes, dispondo sobre a licitação e contratação de obras, serviços, compras e alienações, observados os Princípios da Administração Pública.

---

3 Licitações nas estatais em face da EC nº 19/1998. *Boletim de Licitações e Contratos*, São Paulo, n.12, p.583-6, 1998.

E ainda na ausência dessas normas gerais, a Administração Pública, mesmo assim, deverá licitar, em nome da continuidade do serviço público.

Segundo Marçal Justen Filho (1998):

> Em síntese, as entidades da Administração indireta permanecerão sujeitas ao regime da Lei 8666/93 até a edição de novas regras. No futuro, haverá dois regimes básicos: um destinado à Administração direta, autárquica e indireta prestadora de serviços públicos, e outro para entidades privadas exercentes de atividade econômica. O regime especial para essas últimas não consistirá na liberação pura e simples para realização de contratações, sem observância de limites ou procedimentos determinados.

No tocante a essa matéria, há outros posicionamentos diferentes do apresentado.

Doutrinadores como Ricardo Salomão (1998) abraçam a tese de que, enquanto não houver lei federal dispondo a respeito do tema, as sociedades de economia mista e as empresas públicas deverão seguir seus manuais internos de licitações e contratos, observando-se o regime jurídico próprio das empresas privadas e os princípios constitucionais de legalidade, moralidade, impessoalidade, publicidade e eficiência.

Para Jessé Torres Pereira Junior (1999, p.28),

> a legislação federal sobre normas gerais não mais disciplinará as licitações e contratações de obras, serviços, compras e alienações das empresas públicas e sociedades de economia mista, e suas subsidiárias, quer explorem atividade econômica, quer prestem serviços públicos, afastando-se a distinção, para esse fim, que antes se vislumbrava entre as entidades referidas nos arts. 173 e 175 da CF/88.

Do exposto, vê-se que o ilustre magistrado não faz diferenciação entre empresas públicas e sociedades de economia mista que exploram atividade econômica das que prestam serviços públicos. Se ambas receberem tratamento idêntico, será necessária uma lei específica que regerá as normas sobre licitações e contratos por elas efetivados, nos moldes do artigo 173, § 1º, inciso III, da CF. Compartilha do mesmo posicionamento Alice Gonzales Borges (1999).

Por fim, decidiu o Tribunal de Contas da União:

> A doutrina tem entendido que a fim de que não se afaste determinado dispositivo, dando prevalência a outro, a solução mais correta seria aplicar o dever de licitar em atividades-meio realizadas por empresas públicas e Sociedades de Economia Mista, enquanto, no exercício de suas atividades-fim, por se tratar de atos negociais, não seria possível querer disciplíná-los sob a égide do direito público (apud Pereira, 1998).

O artigo 22 da CF faz referência ao artigo 37, inciso XXI, da CF, como uma norma à qual devem obediência todas as legislações que vierem disciplinar normas gerais de licitação e contratação, o que é mais uma prova de que se definiu a obrigatoriedade de licitação tanto para a Administração direta como para a Administração indireta.

Em razão disso, não podemos deixar de comentar a recente Lei 10.520, de 17 de julho de 2002, e que trouxe a possibilidade de nova modalidade de licitação denominada "pregão".

Não cabe aqui, no entanto, uma análise profunda da matéria, mas apenas algumas considerações, visando à sua atualização.

Realizar-se-á a licitação por meio de pregão para que a União, os Estados, o Distrito Federal e os Municípios adquiram bens e serviços comuns, independentemente de valor estimado da contratação, e que será feita por meio de propostas e lances em sessão pública. Para que isto ocorra, duas etapas serão necessárias: a fase preparatória e a fase externa. Na fase preparatória, serão justificados o cabimento e a necessidade de contratação por meio do pregão, nomeando-se um servidor, denominado "pregoeiro", que fará a função da comissão. Na fase externa, dar-se-á a divulgação do pregão por meio da imprensa oficial, em que constarão o modo de se obter o edital, o local onde serão entregues as propostas, como se dará a habilitação, como serão feitos os lances, a forma de julgamento e classificação, a possibilidade de recorrer, a adjudicação do bem ao vencedor.

Certamente, esta nova modalidade trará vários benefícios à Administração Pública, entre eles uma maior celeridade nas compras e contratações, preços menores do que os propostos inicialmente, habilitação apenas do licitante vencedor, maior rigor na punição por irregularidade, transparência total do processo e contribuição para os programas de redução de custos e desburocratização.

2 Fixação de subsídios dos agentes políticos nas esferas estadual e municipal – artigo 2º, da EC nº 19/1998 – artigos 27, § 2º, 28, §§ 1º e 2º e 29, incisos V e VI, da CF

ART. 2º – O § 2º do art. 27 e os incisos V e VI do art. 29 da Constituição Federal passam a vigorar com a seguinte redação, inserindo-se § 2º no art. 28 e renumerando-se para § 1º o atual parágrafo único:
"Art. 27..
§ 2º – O subsídio dos Deputados Estaduais será fixado por lei de iniciativa da Assembléia Legislativa, na razão de, no máximo, setenta e cinco por cento daquele estabelecido, em espécie, para os Deputados Federais, observado o que dispõem os arts. 39, § 4º, 57, § 7º, 150, II, 153, III e 153, § 2º, I.
...."
"Art. 28..
§ 1º – Perderá o mandato o Governador que assumir outro cargo ou função na Administração Pública direta ou indire-

ta, ressalvada a posse em virtude de concurso público e observado o disposto no art. 38, I, IV e V.
§ 2º – Os subsídios do Governador, do Vice-Governador e dos Secretários de Estado serão fixados por lei de iniciativa da Assembléia Legislativa, observado o que dispõem os arts. 37, XI, 39, § 4º, 150, II, 153, III, e 153, § 2º, I."
"Art. 29 – ....
V – subsídios do Prefeito, do Vice-Prefeito e dos Secretários Municipais fixados por lei de iniciativa da Câmara Municipal, observado o que dispõem os arts. 37, XI, 39, § 4º, 150, II, 153, III, e 153, § 2º, I;
VI – subsídio dos Vereadores fixado por lei de iniciativa da Câmara Municipal, na razão de, no máximo, setenta e cinco por cento daquele estabelecido, em espécie, para os Deputados Estaduais, observado o que dispõem os arts. 39, § 4º, 57, § 7º, 150, II, 153, III e 153, § 2º, I;
...."

A reforma administrativa teve como um dos seus lemas reduzir os gastos com a máquina administrativa. É sabido que os gastos com pessoal somam, no Brasil, mais da metade dos recursos disponíveis, o que levou o legislador a limitar as remunerações e os subsídios. No entanto, mais do que "enxugar" a máquina, é preciso consciência política e moral dos gerenciadores da coisa pública. Com a adoção de ambas, talvez possa ser resolvida a questão desse excesso de gastos, empregando o excedente em setores debilitados, como a saúde e a educação. Enquanto isso não se concretiza, no devido contexto, é de se verificar o que o legislador entendeu ter relevante importância para a melhoria do caos em que a Administração Pública se encontra, qual seja, as modificações introduzidas pela EC nº 19/1998 quanto à retribuição dos agentes políticos.

Pelo atual sistema remuneratório, têm-se, como suas espécies, o vencimento, os vencimentos, o subsídio e a remuneração do agente público.

Vencimento é a contraprestação em dinheiro do serviço prestado, devido legalmente. Já *vencimentos*, no plural, é o somatório do vencimento acrescido das vantagens que são garantidas, em caráter permanente e fixo, para o agente.

Não se deve, entretanto, confundir os vencimentos com a remuneração. Neste último meio remuneratório, as parcelas acrescidas são variáveis, podendo ser retiradas do valor total, quando se fizer necessário.

Acrescentado pela EC nº 19/1998, o subsídio, definido no artigo 39, § 4º, da CF, também modificado, veio para definir o sistema de remuneração dos agentes políticos, ou seja, dos detentores de mandato político, dos membros de poder (magistrados, Ministros e secretários de Estado e de Municípios), dos membros dos Tribunais de Contas, dos membros do Ministério Público Federal ou Estadual, dos membros dos órgãos procuratórios da União, dos Estados e do Distrito Federal, dos membros das Defensorias Públicas (da União e dos Estados) e dos servidores policiais civis ou militares; todos são tidos como agentes políticos para Hely Lopes Meirelles (1997, p.72), o que, no entanto, não tem entendimento pacífico.

Agente político é aquele que presta serviço público, mas não em caráter profissional. Segundo Celso Antonio Bandeira de Mello (apud Di Pietro, 1991, p.305), "agentes políticos são os responsáveis pela formação da vontade superior do Estado, mantendo com este relação de natureza não profissional". Em razão de tal definição, muitos doutrinadores restringem os agentes políticos aos titulares dos cargos políticos, pois entendem que os demais exercem suas funções em caráter profissional, o que parece mais razoável.

De acordo com Maurício Antonio Ribeiro Lopes (1998, p.105):

> Nenhum outro agente público acha-se sujeito a tal sistema, como os procuradores gerais, delegados gerais de polícia ou outras autoridades equivalentes. Em relação a estes há uma distin-

ção fundamental quando posto em comparação com as autoridades indicadas pelo art. 39, § 4º, qual seja o de tratar-se ou não de carreira de Estado, muito diferente de função política transitória e precariamente exercida.

Trata-se de posição minoritária, prevalecendo aquela que alcança todos os já enumerados.

Para Jessé Torres Pereira Junior (1999, p.221), é faculdade da União, dos Estados, do Distrito Federal e dos Municípios, nos termos do artigo 39, § 8º, da CF, preferir que sejam remunerados por subsídio os seus respectivos servidores que ocupem cargos de carreira.

Este subsídio, entretanto, de acordo com o artigo 39, § 4º, da CF, deverá ser fixado em parcela única, vedado o acréscimo de qualquer gratificação, adicional, abono, prêmio, verba de representação ou qualquer outra espécie remuneratória, obedecido o disposto no artigo 37, incisos X e XI da CF. No entanto, há uma certa contradição entre os dois dispositivos, pois o primeiro proíbe qualquer acréscimo e o segundo inclui as vantagens pessoais ou de qualquer outra natureza que, somadas ao subsídio, não poderão ultrapassar o teto salarial dos Ministros do STF. Maurício Antonio Ribeiro Lopes (1998, p.130) considera perfeitamente possível a inclusão de tais vantagens, desde que não excedam o teto estipulado no artigo 37, inciso XI, da CF.

Desde a Constituição de 1891, há menção ao termo subsídio como forma remuneratória. No entanto, era inicialmente considerado um auxílio, adjutório, só mais tarde revestindo-se de pagamento pelo exercício de mandato eletivo. Nas constituições anteriores, o subsídio era composto por duas parcelas: uma fixa e outra variável.

Assim, na tentativa de encontrar uma definição para a parcela única e interpretá-la historicamente, concluir-se-á que a expressão foi utilizada no artigo 39, § 4º, da CF para afastar a incidência das duas parcelas (fixa e variável), tão arraigadas nos sistemas jurídicos precedentes.

Essa limitação (fixação de parcela única, vedado o acréscimo de qualquer outra parcela variável), no entanto, estende-se apenas ao subsídio, podendo a remuneração variar, pois a Constituição não vedou a aquisição dos demais direitos aos agentes públicos, direitos estes fundamentais (férias, décimo terceiro salário etc). Os agentes públicos do artigo 39, § 4º, da CF poderão perceber também em sua remuneração, em razão do exercício de determinado cargo, indenizações (ajuda de custo, diárias), adicionais (insalubridade, periculosidade, férias, trabalho em horário noturno) e gratificações (exercício de cargos ou funções de chefia, direção e assessoramento) em face do caráter indenizatório.

Não é só a alteração de nomenclatura (de remuneração para subsídio), no entanto, que a EC nº 19/1998 introduziu no artigo 27, § 2º. Pela redação anterior, as modificações realizadas na remuneração dos deputados estaduais jamais poderiam alcançá-los em sua legislatura, pois foram feitas para as legislaturas posteriores. Hoje, porém, admite-se a fixação de subsídio dos deputados estaduais para a mesma legislatura, desde que seja feita por lei ordinária de iniciativa da Mesa da Assembléia Legislativa, e não mais por ato interno de natureza administrativa.

Para a aprovação, depende de maioria simples dos Deputados Estaduais, exigindo, ainda, a participação do Governador do Estado no processo legislativo, para promover sua sanção ou veto. Fica mantido, todavia, o teto máximo do subsídio, que não pode ultrapassar de 75% do subsídio dos deputados federais.

O § 2º do artigo 28 da CF fixou os subsídios do Governador, do Vice-Governador e dos Secretários de Estado, antes não previstos na Constituição, nas mesmas condições estabelecidas para os Deputados Estaduais, ou seja, mediante lei ordinária de iniciativa da Assembléia Legislativa, de acordo com os artigos 37, inciso XI, 39, § 4º, 150, inciso II, 153, inciso III, e 153, § 2º, inciso I, todos da CF. O teto a ser seguido, nesse caso, será aquele fixado por lei federal para os Ministros do Supremo Tribunal Federal.

Já os incisos V e VI do artigo 29 da CF dispõem, respectivamente, sobre os subsídios do Prefeito, do Vice-Prefeito, dos Secretários municipais e dos Vereadores. Ambos fixados por lei ordinária de iniciativa da Câmara Municipal, observando-se para o inciso V os artigos 37, inciso XI, 39, § 4º,150, inciso II, 153, inciso III, e 150, § 2º, inciso I da CF, e para o inciso VI os artigos 39, § 4º, 57, § 7º, 150, inciso II, 153, inciso III, e 153, § 2º, inciso I, da CF. Com a EC nº 19/1998, foi retirada a proibição de fixação de subsídios para a mesma legislatura. Segundo Alexandre de Moraes (1999, p.23), essa modificação não tem efeitos retroativos, continuando aplicável para os casos pretéritos à emenda a decisão do STF que considerou a fixação da remuneração para a mesma legislatura "ato lesivo não só ao patrimônio material do Poder Público, como à moralidade administrativa, patrimônio moral da sociedade".[4]

No caso dos Vereadores, deve-se respeitar o teto máximo dos seus subsídios, isto é, 75% dos fixados para os Deputados estaduais, o que não mais prevalece em razão das alterações trazidas pela EC nº 25/2000, em vigor desde 1º de janeiro de 2001.

Segundo a nova redação dada ao artigo 29 da CF, pela EC nº 25/2000, o subsídio dos Vereadores será fixado pelas respectivas Câmaras Municipais em cada legislatura para a subseqüente, e estabelecido segundo critérios previstos nas respectivas leis orgânicas, observados a Constituição Federal e os limites, agora, impostos. Tais limites variam de acordo com o número de habitantes em cada Município. Assim, o mínimo que um Vereador poderá receber corresponderá a 20% do subsídio dos Deputados estaduais (para os municípios com até dez mil habitantes), e o máximo equivalerá a 75% do subsídio dos Deputados estaduais (para os Municípios com mais de quinhentos mil habitantes). Essa nova redação inserida pela EC nº 25/2000

---

[4] STF – 2ª T. – Rextr n.172.212-6/SP – Rel. ministro Maurício Corrêa, *Diário de Justiça*, Seção I, p.19, 27/3/1998.

ao artigo 29 trouxe novamente a necessidade de fixação do subsídio em cada legislatura para a subseqüente, contrariando a EC nº 19/1998, pois uma de suas alterações foi retirar do respectivo inciso VI, do artigo 29 da CF, a proibição de fixar os subsídios na própria legislatura vigente.

Além disso, a EC nº 25/2000, em seu artigo 2º, acrescentou o artigo 29 – alínea A e os §§ 1º, 2º e 3º. Prevê o *caput* do artigo 29 – A que o total da despesa do Poder Legislativo municipal, incluídos os subsídios dos Vereadores e excluídos os gastos com inativos, não poderá ultrapassar os seguintes percentuais: 8% para Municípios com até cem mil habitantes; 7% para Municípios com população entre cem mil e um e trezentos mil habitantes; 6% para aqueles com população entre trezentos mil e um e quinhentos mil habitantes; 5% para os com população acima de quinhentos mil habitantes. Já o § 1º limita a receita da Câmara com folha de pagamento, incluído o gasto com o subsídio dos Vereadores, que não poderá ultrapassar 70% de sua receita. E, por fim, os §§ 2º e 3º dispõem sobre os crimes de responsabilidade; o primeiro prevê os crimes de responsabilidade do Prefeito Municipal, e o segundo os crimes de responsabilidade do Presidente da Câmara Municipal.

Para os Prefeitos, Vice-Prefeitos e Secretários municipais, o teto salarial será o estipulado no artigo 37, inciso XI, ou seja, o subsídio dos Ministros do Supremo Tribunal Federal, pois essa definição dependerá de lei ordinária de iniciativa conjunta do Presidente da República, dos Presidentes da Câmara dos Deputados e do Senado Federal e do Presidente do Supremo Tribunal Federal. Do exposto, extrai-se que a fixação dos subsídios desses agentes políticos não é auto-aplicável, sendo norma constitucional de eficácia limitada.

Há, no entanto, os que entendem de forma diversa, como Mayr Godoy. Para ele, o preceito modificado pela EC nº 19/1998 é auto-aplicável, não dependendo de lei que fixe o teto dos Ministros do Supremo Tribunal Federal (Perin, 1999).

De outra forma, deliberou o Supremo Tribunal Federal, na 3ª sessão administrativa, de 24 de junho de 1998, que não são auto-aplicáveis as normas do artigo 37, inciso XI, e 39, § 4º, da CF, com redação que lhes deu a EC nº 19/1998; e, até que se edite a lei definidora do subsídio a ser pago a Ministro do Supremo Tribunal Federal, prevalecerão os tetos estabelecidos para os três poderes da República no artigo 37, inciso XI, da CF, na redação anterior à que lhe foi dada pela EC 19 (apud Bulos, 1998).

3 Administração Pública – artigo 3º da EC 19/1998

> ART. 3º – O "caput", os incisos I, II, V, VII, X, XI, XIII, XIV, XV, XVI, XVII e XIX e o § 3º do art. 37 da Constituição Federal passam a vigorar com a seguinte redação, acrescendo-se ao artigo os §§ 7º a 9º:

3.1 O princípio da eficiência – artigo 37 da CF

> "Art. 37 – A Administração Pública direta e indireta de qualquer dos Poderes da União, dos Estados, do Distrito Federal e dos Municípios obedecerá aos princípios da legalidade, impessoalidade, moralidade, publicidade e eficiência e, também, ao seguinte:"

Primeiramente, para um melhor aproveitamento do estudo em questão, faz-se mister elucidar qual seja a definição de princípio. Segundo Roque Carrazza (1998, p.31),

> Princípio jurídico é um enunciado lógico, implícito ou explícito, que, por sua generalidade, ocupa posição de preeminência nos vastos quadrantes do Direito e, por isso mesmo, vincula, de modo inexorável, o entendimento e a aplicação das normas jurídicas que com ele se conectam.

Princípios, portanto, são mais que regras, já que auxiliam na interpretação do sistema, na elaboração de novas leis, daí a importância do dispositivo em pauta. Nos dizeres de Vladimir da Rocha França (1998): "Os princípios constitucionais são normas constitucionais hierarquicamente superiores às regras constitucionais".

Assim sendo, o desrespeito a um princípio é suficiente para invalidar todo e qualquer ato do Estado. Argumenta Celso Antonio Bandeira de Mello (1999, p.630): "A desatenção ao princípio implica ofensa não apenas a um específico mandamento obrigatório, mas a todo o sistema de comandos".

O *caput* do artigo 37 da CF estabelece os princípios constitucionais expressos da Administração Pública, que passam a ser cinco com o acréscimo pela EC nº 19/1998 do princípio da eficiência. Com isso, passam a ser princípios constitucionais da Administração Pública os princípios da legalidade, da moralidade, da impessoalidade, da publicidade e da eficiência.

Esses princípios, todavia, apenas elucidam o que já era inerente à administração, pois esta não existe para ser ineficiente, muito embora ineficiências sempre ocorram.

A empresa privada, quando de sua constituição, traz como escopo o intuito de lucro, mas só isso não basta. Para que esse objetivo seja alcançado, devem-se observar vários fatores, tais como a organização, o trabalho, a qualidade do produto, a disposição de empreendedor, enfim, a eficiência. Isso também acontece com a Administração Pública, com a diferença de que sua finalidade não é alcançar o lucro das empresas privadas, mas o bem comum da sociedade, o interesse público; por exemplo, quando o Estado presta serviços essenciais de utilidade pública, tais como saúde pública, educação, segurança pública, saneamento básico etc.

Assim, quando da criação do Estado, com a elaboração da Constituição Federal, o povo delegou funções aos administradores para que eles satisfizessem as necessidades públicas, e a partir daí surgiu o princípio da eficiência, como dever elementar da administração. No entanto, todos os princípios devem ser observados conjuntamente. Não se pode querer atender ao interesse público, à satisfação dos cidadãos, se não se respeitarem os demais princípios da administração. O princípio da eficiência não é o filho único, mas o irmão mais novo dos demais princípios.

Maurício Antonio Ribeiro Lopes critica a posição do legislador em colocar a eficiência como princípio e considera-a como a própria finalidade do Estado. Além disso, para ele, não há nenhuma relevância jurídica em acrescentar tal princípio, denominado por Lopes (1998, p.108) um princípio retórico imaginado pelo legislador, àqueles enumerados pelo artigo 37 da CF.

É certo que, muito antes da alteração constitucional, doutrinadores já enumeravam a eficiência como princípio. É o caso de José Augusto Delgado (1995):

> Outros princípios informam a atividade administrativa: o da responsabilidade, o da *eficiência*, o da modicidade, o da adaptação, o do controle, o da publicidade, o da rentabilidade, o da consistência, o da discricionariedade, etc.

No mesmo sentido, Juarez Freitas (1995) afirma que, para a prestação de um serviço adequado, é preciso que se satisfaçam as condições de regularidade, continuidade, *eficiência*, segurança, atualidade, generalidade, cortesia e modicidade das tarifas.

E ainda, segundo o Superior Tribunal de Justiça:

> a Administração Pública é regida por vários princípios: legalidade, impessoalidade, moralidade e publicidade. Outros também se evidenciam na Carta Política. Dentre eles, o princípio da eficiência. A atividade administrativa deve orientar-se para alcançar resultado de interesse público.[5]

---

5 STJ – 6ª T. – RMS nº 5590/95-DF – Rel. Ministro Luiz Vicente Cernicchiaro. *Diário de Justiça*, Seção I, p.20395, 10/6/1996.

Diversas legislações já traziam em seu bojo o princípio da eficiência antes da reforma administrativa.

O Decreto-Lei nº 200, de 25/2/1967, que também cuidou da reforma administrativa, estabelecia em seus artigos 25 e 26, inciso III, que cada Ministro de Estado, integrante da Administração Federal, deveria assegurar a eficiência administrativa no âmbito da sua respectiva pasta. O artigo 100 dispunha sobre a instauração de processo administrativo para a demissão ou dispensa do servidor efetivo ou estável, comprovadamente ineficiente ou desidioso no desempenho dos encargos e cumprimento dos deveres. E, por fim, o artigo 115, que tratava do departamento administrativo do serviço público encarregado de adotar medidas visando ao aprimoramento e à eficiência do pessoal civil da União.

Da mesma forma, a Lei Federal nº 8.987, de 13/2/95, que dispõe sobre as concessões e permissões de serviços públicos e obras públicas, faz referência ao princípio da eficiência. O § 1º do artigo 6º, quando conceitua serviço adequado, diz ser aquele que satisfaz as condições de regularidade, continuidade e eficiência.

A própria Constituição Federal de 1988 faz referência a tal princípio, mesmo antes da EC nº 19/1998. Estabelece o artigo 74, inciso II:

"Os poderes Legislativo, Executivo e Judiciário manterão, de forma integrada, sistema de controle interno com a finalidade de:
I –..;
II – comprovar a legalidade e avaliar os resultados, quanto à eficácia e eficiência da gestão orçamentária, financeira e patrimonial nos órgãos e entidades da Administração Federal, bem como da aplicação de recursos públicos por entidades de direito privado."

Além disso, também constituições estaduais já previam a eficiência como princípio da Administração Pública. É o caso da Constituição do Estado de Tocantins (artigo 9º), e da Constituição do Estado de Rondônia (artigo 19).

O princípio da eficiência é visível quando a atividade do Poder Público atinge concretamente seus fins lícitos, respeitando o ordenamento jurídico e satisfazendo o administrado no amparo a seus problemas. Impõe, portanto, o dever de uma boa administração. Para tanto, basta que os administradores façam a máquina administrativa funcionar, desempenhando fielmente as funções delegadas. Parece fácil, doutrinariamente falando, mas não o é quando se trata da prática. Em um país onde a Administração Pública é dominada pela incompetência, as necessidades pessoais prevalecem sobre o interesse da sociedade e os inescrupulosos imperam no exercício de funções do alto escalão, não basta a simples ingerência do princípio da eficiência. Não é de se esperar que a administração passe a ser eficiente como quer a Constituição, pois a simples ministração de um paliativo não consegue curar a doença terminal de que nosso país é portador. É uma questão social.

Segundo Geraldo Ataliba (1985, p.12),

A presente preocupação geral com os problemas institucionais culmina, necessariamente, com a grave questão – mais sociológica que jurídica – da eficácia constitucional. Não temos encontrado, ao longo do tempo, generalizada adesão intelectual e efetiva às nossas instituições, em geral que leve à sustentação sólida das mesmas. Se é verdade que os princípios fundamentais têm da comunidade nacional razoável adesão – embora não explícita, nem consciente – como é o caso da república federativa, autonomia municipal, tripartição do poder e legalidade – as regras, entretanto, que lhes asseguram a eficácia são ignoradas, desprezadas, mal cumpridas. E isto com aquiescência de uns, a indiferença de outros, a complacência de muitos: com a acomodação dos órgãos de promoção do direito e a preocupação de poucos. Este é um problema cultural. Parece deitar raízes na nossa etnia luso-afro-indígena e base no espírito colonial que sobreviveu à própria superação histórica da colônia.

As normas constitucionais estão ligadas entre si fazendo parte de um todo, de um sistema. Sob essa ótica é que se extraem os vários elos do princípio da eficiência com outras normas constitucionais trazidas também pela EC nº 19/1998. Quando o legislador transforma o artigo 37, § 3º, da CF, estabelecendo a regulamentação do direito de participação dos administrados na gestão dos serviços públicos, possibilita ao usuário da administração um meio de fiscalizar o princípio da eficiência, determinando se, na prática, há efetiva concretização do princípio estatuído.

A quebra da estabilidade também traz o princípio da eficiência em seu conteúdo (artigo 41, § 1º, inciso III, da CF). Por essa razão, pode-se hoje ter o servidor ineficiente fora do serviço público, mas há dependência de regulamentação infraconstitucional (lei complementar).

É preciso ater-se ao fato de que o controle do princípio da eficiência não se dá judicialmente, é matéria que cabe ao controle interno de cada poder, de acordo com o próprio texto constitucional (artigo 74, inciso II, da CF). Se assim não fosse, ou seja, se o Poder Judiciário pudesse julgar a eficiência dos atos administrativos, teriam fim o equilíbrio e a harmonia entre os Poderes do Estado, que perderiam sua autonomia.

Para Alexandre de Moraes (1999, p.30-4), o princípio da eficiência apresenta as seguintes características: direcionamento da atividade e dos serviços públicos à efetividade do bem comum, imparcialidade, neutralidade, transparência, participação e aproximação dos serviços públicos da população, eficácia, desburocratização e busca da qualidade.

Segundo Ubirajara Custódio Filho (1999), três são os identificadores do princípio da eficiência: a prestabilidade – o serviço prestado deve ser útil ao cidadão; a presteza – o atendimento ao cidadão deve ser rápido; a economicidade – o fim do serviço público deve ser alcançado de modo menos oneroso ao erário público.

O fato é que o princípio da eficiência existe e deverá nortear as decisões e atividades executadas pelos administradores, passando a ser uma forma de medir a capacidade e competência daqueles.

Outra modificação apresentada pela EC nº 19/1998 foi a supressão da expressão "ou fundacional" indicada logo após Administração indireta. Tal alteração foi de grande utilidade, pois as fundações de direito público são espécie do gênero Administração indireta, e não um terceiro gênero. Não havia, portanto, motivos para que as fundações viessem apartadas da Administração indireta.

3.2 Acessibilidade aos cargos, empregos e funções públicas extensivos aos estrangeiros – artigo 37, inciso I, da CF

"Art. 37 – A Administração Pública direta e indireta de qualquer dos Poderes da União, dos Estados, do Distrito Federal e dos Municípios obedecerá aos princípios da legalidade, impessoalidade, moralidade, publicidade e eficiência e, também, ao seguinte;

I – os cargos, empregos e funções públicas são acessíveis aos brasileiros que preencham os requisitos estabelecidos em lei, assim como aos estrangeiros, na forma da lei;"

Numa primeira análise, vamos nos ater à compreensão das expressões contidas no inciso I, tais como acesso, cargos, empregos e funções públicas.

O conceito de acesso está diretamente relacionado com o princípio constitucional da acessibilidade, podendo ser definido como o direito que tem o administrado de ingressar no serviço público como agente, participando da administração, seja por meio de cargos, empregos ou de funções públicas.

Cargo é a mais simples unidade de poderes e deveres estatais desempenhados por um agente público, regido pelo estatuto dos funcionários públicos (regime estatutário).

O emprego público se assemelha ao cargo público, com a diferença de que, neste caso, o regime imposto é o celetista, ou seja, o empregado público possui vínculo sujeito ao regime da CLT.

Função tem caráter residual, ou seja, é tudo aquilo que não se enquadrar em cargo ou emprego, englobando as funções de natureza temporária (artigo 37, inciso IX), para as quais exige-se processo seletivo simplificado (artigo 3º da Lei nº 8.745/1993, alterada pela Lei nº 9.849/1999), e as funções de natureza permanente (funções de confiança), tais como chefia, direção, assessoramento ou qualquer outra que não seja definida como cargo.

De tais termos cuida o inciso I do artigo 37 da CF, modificado pela EC nº 19/1998 que incluiu os estrangeiros no rol de candidatos para acesso aos cargos, empregos e funções públicas referidos.

Matéria de grande polêmica e de discussões intermináveis era a exclusividade de acesso aos cargos, empregos e funções públicas dada aos brasileiros, chegando ao ápice com a promulgação da Constituição Federal de 1988. Surgiu, então, a Lei nº 8.112/1990, na qual ficaram dispostos, como requisitos para investidura em cargo público, a nacionalidade brasileira e o gozo dos direitos políticos (artigo 5º, incisos I e II). Com isso, os estrangeiros ficaram totalmente excluídos da possibilidade de prover tais cargos.

Muito antes da edição dessa lei, estudiosos do direito negavam o acesso de estrangeiros aos cargos públicos, com a alegação de que, para o bom desempenho das funções, era imprescindível o requisito de cidadão, pois somente este poderia ser fiel ao seu Estado, o que não seria possível exigir de um estrangeiro. Segundo Cretella Júnior (apud Rocha, 1999, p.157), "em todas as Constituições, a primeira condição que se exige de quem vai ocupar um cargo público é a que seja nacional...". No entanto, as duas constituições anteriores não proibiam o ingresso de estrangeiros em cargos públicos, como se depreende do artigo 184 da CF de 1946 e do artigo 97 da CF de 1967/1969.[6]

---

6 "Art. 184 – Os cargos públicos são acessíveis a todos os brasileiros, observados os requisitos que a lei estabelecer."
"Art. 97 – Os cargos públicos são acessíveis a todos os brasileiros, preenchidos os requisitos que a lei estabelecer."

A tendência para estender o acesso a cargos públicos aos estrangeiros iniciou-se com a EC nº 11/1996, que permitiu que as universidades admitissem professores, técnicos e cientistas estrangeiros na forma da lei.

Com a EC nº 19/1998, afastou-se de vez essa quase-exclusividade, passando a fazer parte do rol dos possíveis candidatos aos cargos públicos, por meio de concurso público, os estrangeiros, além, é claro, dos brasileiros, natos e naturalizados, e também dos portugueses equiparados que preenchessem os requisitos estabelecidos em lei, com exceção dos cargos previstos nos artigos 12, § 3º, 14, § 3º, inciso I, e 89, inciso VII, da CF.[7]

Dessa forma, ficam revogadas quaisquer disposições contrárias à prevista pela EC nº 19/1998, uma vez que as exigências elencadas não encontram mais fundamento na Carta Magna.

Em razão da eficácia limitada dessa norma, o acesso aos estrangeiros não se dará imediatamente, pois está condicionado à edição de lei reguladora.

A que estrangeiros, no entanto, refere-se a disposição constitucional? Há divergência quanto a isso. Alexandre de Moraes (1999, p.309), entre outros autores, entende que a norma constitucional deve ser aplicada aos estrangeiros residentes no país ou não, pois a lei poderá ser utilizada no acesso desses últimos

---

7 "Art. 12, § 3º – São privativos de brasileiro nato os cargos:
I – de Presidente e Vice-Presidente da República;
II – de Presidente da Câmara dos Deputados;
I – de Presidente do Senado Federal;
II – de Ministro do Supremo Tribunal Federal;
III – da carreira diplomática;
IV – de oficial das Forças Armadas."
"Art. 14, § 3º, I – São condições de elegibilidade, na forma da lei:
I – a nacionalidade brasileira..."
"Art. 89, VII – seis cidadãos brasileiros natos, com mais de trinta e cinco anos de idade, sendo dois nomeados pelo Presidente da República, dois eleitos pelo Senado Federal e dois eleitos pela Câmara dos Deputados, todos com mandato de três anos, vedada a recondução."

em repartições brasileiras no exterior. Entre os que não admitem tal possibilidade, está Maurício Antonio Ribeiro Lopes (1998, p.110): "e não se compreende como possa um estrangeiro exercer cargo ou função pública sem residir no país...".

Ademais, esse direito dado aos estrangeiros pela EC nº 19/1998 está contido em um preceito constitucional maior previsto no artigo 5º, inciso XIII, que determina que a profissão, a arte e o ofício são direitos fundamentais assegurados tanto aos brasileiros quanto aos estrangeiros, não havendo justificativa plausível para o impedimento.

3.3 Concurso público, cargos em comissão e funções de confiança – artigo 37, incisos II e V, da CF

"Art. 37 – A Administração Pública direta e indireta de qualquer dos Poderes da União, dos Estados, do Distrito Federal e dos Municípios obedecerá aos princípios da legalidade, impessoalidade, moralidade, publicidade e eficiência e, também, ao seguinte:...;

II – a investidura em cargo ou emprego público depende de aprovação prévia em concurso público de provas ou de provas e títulos, de acordo com a natureza e a complexidade do cargo ou emprego, na forma prevista em lei, ressalvadas as nomeações para cargo em comissão declarado em lei de livre nomeação e exoneração;..

V – as funções de confiança, exercidas exclusivamente por servidores ocupantes de cargo efetivo, e os cargos em comissão, a serem preenchidos por servidores de carreira nos casos, condições e percentuais mínimos previstos em lei, destinam-se apenas às atribuições de direção, chefia e assessoramento;..".

Também neste tópico é mister que se conheçam, ao menos, os conceitos de todos os termos contidos no texto da EC nº

19/1998 para um melhor aproveitamento do estudo das alterações introduzidas. Assim é que, inicialmente, definir-se-á o que é investidura.

Investidura é a situação jurídica que se define no momento em que o indivíduo passa a, juridicamente, ocupar o cargo público, que se dá por meio da posse. Decorre do provimento, que, por sua vez, é o ato administrativo pelo qual alguém é designado para ocupar o cargo público. O cargo é provido e o agente investido na condição de seu titular.

De acordo com Carmem Lúcia Antunes Rocha (1999): "Investidura é o ato pelo qual o servidor se imite na condição de titular de cargo público para o qual foi nomeado ou ao qual ascendeu".

Para que a investidura em cargo ou emprego público (já definidos no item anterior) ocorra eficazmente, é preciso seguir certos requisitos que atendam ao interesse público. No estudo em questão, o requisito apontado pela Constituição Federal é a exigência de concurso público para os cargos de provimento efetivo. Essa exigência permite que indivíduos em igualdade de condições possam disputar as vagas existentes para os cargos públicos, de forma a serem selecionados os mais preparados. O concurso tem o papel de evitar que abusos, como os cabides de emprego, continuem existindo, dando lugar à moralidade administrativa, à impessoalidade, como forma de permitir que, pela justa competição, os cargos sejam preenchidos. No estado de direito, o concurso público só reforça a democracia nele contida, garantindo a igualdade almejada pela Constituição. Se comparados aos procedimentos de admissão em emprego privado, nota-se que requisitos como o concurso público são dispensáveis, pois, neste caso, não há o interesse público a ser defendido, mas apenas o interesse particular do detentor da empresa privada.

A investidura é classificada em primária, entendendo-se como tal aquela que se der em cargo inicial de carreira, feita, na maioria das vezes, por concurso público; e secundária, quando o cargo a ser investido ao agente público for hierarquicamente superior ao anteriormente ocupado por ele, sendo uma forma de ascensão na carreira.

Diz-se que a investidura inicial, "normalmente", é feita por meio de concurso público, pois há exceção prevista no próprio artigo 37, inciso II, da CF, estabelecendo que os cargos de provimento comissionado são de livre nomeação e exoneração, o que será abordado mais adiante.

Pela Constituição, portanto, o concurso público é regra geral, sendo exceções as constantes expressas em seu bojo. Com isso, o Supremo Tribunal Federal concluiu que a maioria dos modos de investidura derivada não foi recepcionada por ela.[8]

De acordo com o STJ: "A concessão de aposentadoria a professor adjunto, com proventos de professor titular, caracteriza a figura da ascensão funcional, vedada constitucionalmente pelo art. 37, II, da CF, que submete a investidura em cargo público a prévio concurso público de provas ou de provas e títulos".[9]

A exceção fica por conta da promoção. Para que esta se dê, dispensa-se o concurso público, sendo admitida a cargos organizados em carreira. Não cabe, portanto, àqueles previstos em lei como de provimento isolado.

O concurso público, além de uma seleção intelectual de candidatos, composta por provas ou provas e títulos, pode contar também com provas práticas para possibilitar uma escolha eficaz, permitindo que os cargos públicos sejam ocupados por pessoas aptas a exercê-los. Nesse sentido, o STJ vem firmando jurisprudência:

> É legítima a exigência de comprovação de prática forense para inscrição no concurso público para provimento do cargo de Advo-

---

[8] RE nº 209.174-0, Rel. Ministro Sepúlveda Pertence. DJU, 13.3.1999.
[9] STJ – Resp. 153.291 – PE – 5ª T. – Rel. Ministro Cid Flaquer Scartezzini – Unânime – DJU – 13.10.1998, p.155.

gado da União, haja vista o que dispõe o art. 21 da Lei Complementar nº 23/93, não obstante, o termo prática forense deve ser entendido de forma abrangente, afastadas as limitações impostas pela administração, sob pena de ferir-se o princípio constitucional da acessibilidade dos cargos públicos, insculpido no art. 37, I da Carta Magna...[10]

Estabelece a EC nº 19/1998 que o concurso público, e tudo a ele adstrito, deverá guardar conformidade com a natureza e a complexidade do cargo ou emprego, e aí reside a alteração. Tal exigência deve ser interpretada como uma forma de evitar que abusos ocorram em detrimento da Constituição. Para a validade dessas exigências, dois elementos são essenciais: que seja resguardado o acesso de um maior número possível de candidatos, e que as exigências impostas tenham efetiva relação com o cargo e sua finalidade; devem ter pertinência lógica, do contrário são inválidas.

É posição do STF:

> salvo nos casos em que a limitação de idade possa ser justificada pela natureza das atribuições do cargo a ser preenchido, não pode a lei, em face do disposto nos artigos 7º, XXX, e 39, § 2º, da Constituição Federal, impor limite de idade para inscrição em concurso público ... não se afigura justificada a limitação de idade para o ingresso na carreira do Ministério Público...[11]

Da mesma forma entende, o STJ:

> A pretexto de estabelecer requisitos do cargo, emprego ou função, a lei não pode prever a diferença no critério de admissão baseada na cor, no sexo, na idade ou no estado civil dos postulantes

---

10 STJ – MS 5.674 – DF – 3ª S. – Rel. Ministro Anselmo Santiago – Unânime – DJU – 16.11.1998, p.8.
11 STF – RE 197.847-3 – MG – 1ª T. – Rel. Ministro Moreira Alves – Unânime – DJU – 7.8.1998, p.42.

do cargo. O princípio da isonomia veda expressamente tais distinções que tomam em consideração a pessoa dos candidatos e não as características específicas dos cargos, empregos ou funções.[12]

CONSTITUCIONAL E ADMINISTRATIVO. CONCURSO PÚBLICO. LIMITE DE IDADE. IMPOSSIBILIDADE. 1 – A Constituição proíbe o estabelecimento de diferença de critério para a admissão no serviço público e privado por motivo de idade, de sexo e de estado civil. Os limites mínimos e máximos da idade para ingresso e permanência em atividade estão expressos na Carta. 2 – A exigência de limite de idade para quem já foi servidor público é inadmissível. 3 – Recurso conhecido e provido.[13]

E também os Tribunais: "Viola o princípio constitucional da igualdade perante a lei e as regras condicionantes do ingresso no serviço público a exigência, por lei específica ou por edital, de limite máximo de idade para participar de concurso para a carreira de delegado de polícia".[14]

Para tal, exige-se lei ordinária que regulará a matéria, apresentando os requisitos. Mas não se trata de lei de edição privativa da União que estabeleça normas gerais, e sim lei de cada ente federativo, se os cargos providos forem da União, dos Estados ou dos Municípios. O edital de cada concurso deverá conter os requisitos estabelecidos por essa lei.

Assim, a adoção de elementos discriminatórios e de requisitos que só possam ser cumpridos por um pequeno número de candidatos não pode ser considerada; trata-se de restrições inconstitucionais e, como tais, inválidas. Essa invalidade pode-

---

12 RMS nº 289/91 – RS – Rel. Ministro Américo Luz – RSTJ, local nº 18, p.288, fev. 1991.
13 STJ -RMS nº 2099 – 0 – RJ, Rel. Ministro Jésus Costa Lima, DJU de 8.3.1993.
14 Ap. Cv. nº 125602/3 – Rel. Desembargador Aluízio Quintão – BDA – p.469, jun. 2000.

rá ser declarada tanto pelo Judiciário como pela própria administração (súmulas 246 e 473 do STF).[15]

O critério diferenciador, no entanto, é relativo, pois, se a discriminação atender ao interesse público necessário para o exercício eficaz do cargo, estará em consonância com o princípio da igualdade; ao passo que, se for uma discriminação irrelevante, aí sim haverá a inconstitucionalidade.

O concurso, como exigido, deve ser de provas ou de provas e títulos. Esses títulos, quando apresentados (na fase classificatória e não habilitatória), devem, também, estar de acordo com a natureza e complexidade do cargo ou emprego público. Dessa forma, esse requisito não pode ser meio para acolhimento de elementos discriminatórios ou para privilegiar poucas pessoas possuidoras de determinadas condições impossíveis para a maioria. Se assim não fosse, haveria uma restrição à qualidade pública do concurso e conseqüente inconstitucionalidade deste. Em alguns casos, entretanto, a exigência de uma formação específica ou titulação específica não enseja um privilégio a mais a determinados candidatos, não se tratando de um elemento discriminador. É o que se dá, por exemplo, com o provimento e investidura em cargo de professor.

Além disso, os títulos devem guardar coerência com a finalidade que se busca com o exercício do cargo ou emprego público.

Para fugir à exigibilidade do concurso público, é preciso que haja excepcional interesse público e lei prevendo expressamente os casos de inexigibilidade. Afora esses casos, todos os entes federativos, suas autarquias, fundações, empresas públicas, so-

---

15 Súmula nº 246 – "A administração pública pode declarar a nulidade dos seus próprios atos."
Súmula nº 473 – "A administração pode anular seus próprios atos, quando eivados de vícios, que os tornam ilegais, porque deles não se originam direitos, ou revogá-los, por motivo de conveniência ou oportunidade, respeitados os direitos adquiridos, e ressalvada, em todos os casos, a apreciação judicial."

ciedades de economia mista, tanto as prestadoras de serviço público quanto as exploradoras de atividade econômica, estão sujeitos ao concurso público.

No artigo 37, inciso V, da CF, estão previstas as exceções aos concursos públicos. Aí estão compreendidos os cargos em comissão e as funções de confiança. Na atual Constituição, quando se fala em função, deve-se compreendê-la de duas formas distintas: pela primeira, temos como função aquela desempenhada pelos servidores contratados temporariamente conforme o artigo 37, inciso IX, da CF, e pela segunda forma, aquelas exercidas permanentemente, tais como as funções de chefia, direção, assessoramento, compreendidos aí os cargos em comissão e as funções de confiança, dispensadas de concurso público e objeto do estudo em questão.

Muito se fala em cargos em comissão e funções de confiança, mas poucos os diferenciam. A distinção, especialmente, reside no fato de que os cargos são permanentes, não quanto à sua ocupação, mas em si mesmos. As funções, ao contrário, são providas transitoriamente, o que significa dizer que seu ocupante, uma vez cessada a necessidade, retornará ao seu cargo de origem.

As funções de confiança e os cargos em comissão estão inseridos na doutrina do direito administrativo na parte referente à classificação dos cargos públicos quanto à retenção de seus ocupantes. Temos, dessa forma, três espécies de cargos públicos, quais sejam:

1. Os cargos em comissão, em que também se encaixam as funções de confiança, nos quais não encontramos retenção alguma. Nestes há a possibilidade de o provimento se dar sem concurso público e que, por isso, não gera a seu ocupante nenhum direito de permanência, uma vez que pode ser exonerado por critérios amplamente discricionários, de livre vontade da administração. O titular desse cargo mantém um vínculo temporário com ele, pois pressupõe uma relação de confiança com a

autoridade que o investir no cargo; enquanto esta durar, o vínculo estará mantido.

2. Os cargos efetivos em que se encontra uma certa retenção, pois são providos por concurso público. O direito à retenção, nesse caso, é variável, pois o servidor público poderá estar em duas situações diferentes: estágio probatório ou já estável. Esses casos serão estudados adiante.

3. E, por fim, os cargos vitalícios, que geram uma retenção absoluta do seu ocupante e que se dá sem que seja preciso o preenchimento do requisito do estágio probatório. É o que acontece com o provimento dos cargos de Ministros dos tribunais superiores.

A alteração introduzida pela EC nº 19/1998 no artigo 37, inciso V, da CF, numa primeira análise, sugere que pessoas que não componham os quadros administrativos jamais poderão exercer cargos em comissão ou funções de confiança. No entanto, tal entendimento não é verdadeiro, pois é a lei que irá estabelecer se o cargo em comissão e a função de confiança poderão ou não ser exercidos por pessoa estranha à administração.

O que o comando constitucional em comento prevê é que a lei regulamentadora defina em que casos o provimento do cargo em comissão e da função em confiança será privativo dos servidores de carreira, em que condições e em que percentuais. Portanto, a novidade introduzida pela EC nº 19/1998 consiste em assegurar, parcialmente, a reserva no provimento desses cargos e funções. Sabiamente, o constituinte derivado, para não petrificar a administração, impediu a reserva total.

Revela, ainda, o dispositivo constitucional em exame o estabelecimento da reserva legal para fins de sua disciplinação. Em outras palavras, ressalvou a competência para disciplinar a matéria à lei. O comando constitucional não é auto-aplicável, necessita de lei para adquirir eficácia. O dispositivo não se reveste de eficácia plena, nem mesmo eficácia contida, é de eficácia reduzida.

Portanto, enquanto não houver lei que o regulamente, não existirá nenhuma restrição, podendo o cargo em comissão e a função de confiança serem exercidos tanto por indivíduos pertencentes aos quadros de carreira como por aqueles que não fazem parte.

Pela redação anterior da CF, os cargos em comissão e as funções de confiança eram exercidos por servidores ocupantes de cargo de carreira técnica ou profissional, mas em caráter facultativo, ou seja, preferencialmente, sem vinculação para a Administração Pública.

Assim, até que a lei seja editada, esses cargos e funções poderão ser providos sem que se observe o disposto no artigo 3º da EC nº 19/1998, que modificou o inciso V do artigo 37 da CF.

3.4 Direito de greve do servidor público civil – artigo 37, inciso VII, da CF

"Art. 37 – A Administração Pública direta e indireta de qualquer dos Poderes da União, dos Estados, do Distrito Federal e dos Municípios obedecerá aos princípios da legalidade, impessoalidade, moralidade, publicidade e eficiência e, também, ao seguinte:..

VII – o direito de greve será exercido nos termos e nos limites definidos em lei específica;"

A greve é um meio utilizado pelos trabalhadores, mediante qual suspende-se, temporariamente, o trabalho para que as reivindicações pleiteadas e a obtenção de melhores condições de trabalho sejam alcançadas.

No Brasil, a greve passou por diversas fases. De início, quando o sistema político se caracterizava pelos ideais liberais, por volta de 1900, a greve era tida como uma liberdade dos trabalhadores, sem nenhuma lei que a restringisse. Com a Constituição de 1937, a greve passou a ser encarada como prejudicial ao interesse social e considerada delito; já em 1946, passou a ser reconhecida como direito dos trabalhadores. Em 1967, com a Constituição e a EC de 1969, manteve-se a greve como direito dos trabalhadores, porém com limitações introduzidas quanto à paralisação das atividades essenciais ao interesse público.

Como a própria lei dispõe, a greve é um direito. No entanto, todo direito está condicionado a uma série de limitações que devem ser observadas para que se possa exercê-lo; a inobservância de tais regras leva à ilicitude da greve.

A EC nº 19/1998 condicionou o exercício da greve ao que a lei vier disciplinar, porque não são todos os profissionais que podem fazer uso do direito de greve. Em muitos casos, como os serviços essenciais à sociedade, não se admite a greve, pois os prejuízos são grandes e a greve, considerada abusiva; se mesmo assim ela ocorrer, estará sujeita a limitações expressas.

Pela redação anterior, o direito de greve estava restrito à edição de uma lei complementar, o que deixou de ser imperioso para dar lugar à edição de uma lei ordinária, a ser elaborada por cada ente da federação. Nos últimos dez anos, desde a vigência da atual Constituição, não houve regulamentação por meio de lei complementar. Talvez, por isso, tenha o legislador entendido por bem facilitar o processo legislativo exigindo, a partir da emenda, lei ordinária. Em razão da não-edição de lei complementar em todos esses anos, o STJ considerou a ilegalidade da greve e determinou desconto nos vencimentos dos servidores públicos, conforme os acórdãos seguintes:

> CONSTITUCIONAL – SERVIDOR PÚBLICO – DIREITO DE GREVE – DESCONTOS NOS VENCIMENTOS – MANDADO DE SEGURANÇA – RECURSO – 1 – A greve de servidor público continuará ilegal enquanto não for editada lei complementar determinada pela Constituição Federal, art. 37, VII. 2 – Cabe ao servidor justificar perante a administração a ausência anotada nos dias de gre-

ve. 3 – Abonar faltas de servidor público nos dias de greve significa reconhecer a legalidade da greve. 4 – Recurso conhecido e negado.[16]

ADMINISTRATIVO E CONSTITUCIONAL – SERVIDOR PÚBLICO – DIREITO DE GREVE – DESCONTOS DOS DIAS PARADOS – LEGALIDADE – RECURSO ORDINÁRIO EM MANDADO DE SEGURANÇA – O direito de greve previsto no art. 37, VII, da Constituição depende de regulamentação por lei complementar. Na ausência da referida lei, é legal o desconto dos dias não trabalhados. Recurso ordinário improvido.[17]

Pelo mesmo entendimento preza o STF.[18]

É certo que a greve no âmbito público tem muito mais impacto do que a do setor privado, pois o Estado sempre teve a incumbência de zelar pelos serviços essenciais, um pouco menos nos dias de hoje, em decorrência de sua retração de participação direta. Por isso, há uma lei de greve para os trabalhadores em geral e uma para os servidores públicos civis (é proibida a greve dos servidores públicos militares).

Por isso, também, em muitos países a greve do funcionalismo público é terminantemente proibida, como nos Estados Unidos, na Alemanha, Suíça, Áustria, Bélgica, Holanda, Dinamarca e em Luxemburgo (Lopes, 1998, p.119).

3.5 Fixação e alteração de remuneração e subsídio – artigo 37, inciso X, da CF

"Art. 37 – A Administração Pública direta e indireta de qualquer dos Poderes da União, dos Estados, do Distrito Federal

---

16 STJ – RO-MS 3.093 – SC – 5ª T. – Rel. Ministro Edson Vidigal – Unânime – DJU – 8.3.1999, p.236, *Revista Direito Público Nota Dez*.
17 STJ – EDREsp 70.412 – SP – 2ª T. – Rel. Ministro Ari Pargendler – Unânime – DJU 13.10.1998, p. 65, *Revista Direito Público Nota Dez*.
18 Mand. de Inj. 20-4/DF – Pleno – Rel. Ministro Celso de Mello – DJU de 27.5.1994.

e dos Municípios obedecerá aos princípios da legalidade, impessoalidade, moralidade, publicidade e eficiência e, também, ao seguinte:...

X – a remuneração dos servidores públicos e o subsídio de que trata o § 4º do art. 39 somente poderão ser fixados ou alterados por lei específica, observada a iniciativa privativa em cada caso, assegurada revisão geral anual, sempre na mesma data e sem distinção de índices;...............................

Quando da análise do artigo 28 da CF, seus parágrafos e incisos, tal matéria foi mencionada, uma vez que se trata de requisito para que a remuneração e o subsídio dos servidores se dêem.

Cabe aqui detalhar especificamente o disposto no artigo 37, inciso X, da CF.

A EC nº 19/1998 inovou ao exigir que as alterações e fixações de remuneração e subsídio (cujas diferenças já foram analisadas anteriormente, no Capítulo 3, item 2) só poderão acontecer sob dependência de lei específica, observada a iniciativa privativa em cada caso, introduzindo uma revisão geral anual que se dará sempre na mesma data e sem distinção de índices. Pela versão antiga do inciso, não havia a necessidade de lei específica para o caso, tampouco a previsão de uma revisão geral anual, mas apenas a revisão geral – não anual – a ser feita sempre na mesma data.

Embora apresente uma economia aparentemente estabilizada, sem os índices inflacionários de outrora, o Brasil carece de garantias a serem oferecidas aos servidores públicos no que se refere a seus subsídios e remunerações, para evitar que uma nova e possível desestruturação na economia afete o bolso do trabalhador estatal. Ciente dessa realidade, o legislador constituinte emendou o dispositivo, exigindo, a partir de então, uma revisão geral anual. No entanto, no mesmo momento em que garante, inibe o exercício do direito, pois este só se dará após a edição de lei específica. A edição dessa lei, que passa a ter conotação obrigatória em razão do próprio texto constitucional, depende de iniciativa do Presidente da República que enviará o projeto de lei ao Poder Legislativo (artigo 61, § 1º, inciso II, alínea a, da CF).[19] Somente após o trâmite legal, o servidor fará jus ao direito de revisão anual, consagrando-se, além da simultaneidade de revisão, o princípio da periodicidade. Deve-se entender por lei específica aquela que estabelecer objetivamente os critérios para alcançar os valores da remuneração, sem que necessite de normas regulamentadoras. Essa lei, por sua vez, já vigora. Trata-se da Lei nº 10.331, de 18 de dezembro de 2001, em vigor desde a data de sua publicação, e que regulamenta o inciso X do artigo 37 da CF, dispondo sobre a revisão geral e anual das remunerações e subsídios dos servidores públicos federais nos Poderes Executivo, Legislativo e Judiciário da União, as autarquias e fundações públicas federais.

Dispõe o artigo 1º da Lei nº 10.331/01:

> Art. 1º – As remunerações e os subsídios dos servidores públicos dos Poderes Executivo, Legislativo e Judiciário da União, das autarquias e fundações públicas federais, serão revistos, na forma do inc. X do art. 37 da Constituição, no mês de janeiro, sem distinção de índices, extensivos aos proventos da inatividade e às pensões.

O STF considerava, antes da EC nº 19/1998, que a iniciativa do Presidente da República não era obrigatória:

> A lei que instituiu a data-base (Lei nº 7.706/88) e as outras que a repetem, não são normas auto-aplicáveis no sentido de que obriguem o Chefe do Poder Executivo Federal a expedir proposta legislativa de revisão de vencimentos, face ao princípio constitu-

---

19 "Art.61 – ....
§ 1º – São de iniciativa privativa do Presidente da República as leis que:
I – ....
II – disponham sobre:
a) criação de cargos, funções ou empregos públicos na administração direta e autárquica ou aumento de sua remuneração..."

cional que lhe reserva a privatividade da iniciativa (CF, art. 61, §
1º, II, a). Depende a iniciativa da vontade política do Presidente da
República e das conveniências subjetivas de sua avaliação.[20]

Por expressa previsão constitucional, a partir da EC nº 19/
1998, a obrigatoriedade passa a ser notória. À administração é
permitido conceder reajustes em periodicidade inferior a um
ano, jamais, porém, ultrapassar o interregno de doze meses para
a revisão salarial.

Revisão não se confunde com reajuste. Com a revisão mantém-se o valor monetário do *quantum* devido; a revisão recupera as perdas decorrentes da corrosão salarial, abrangendo todos os servidores públicos indistintamente. A revisão ocorre na mesma data e com índices idênticos para todos os servidores. Ao contrário, com o reajuste dá-se a modificação e não a manutenção do valor da remuneração, subsídio ou qualquer outra espécie remuneratória.

A revisão deve implicar uma variação positiva da remuneração ou subsídio, o que não se tem por pacífico. Para Jessé Torres Pereira Junior, que apresenta posicionamento diverso, a revisão mencionada tanto poderia se dar para uma majoração como para uma redução, ou também para a manutenção das remunerações e subsídios em questão. No entanto, apesar da possibilidade das duas hipóteses, a diminuição estaria prejudicada em razão do princípio da irredutibilidade disposto no artigo 37, inciso XV, também alterado pela EC nº 19/1998. Para o mesmo autor, a elevação de vencimentos por meio de concessão de abono tanto por lei autorizativa genérica como por meio de ato administrativo está vedada pela EC nº 19/1998, pois o inciso X do artigo 37 da CF exige lei específica. Não há proibição do abono, pois poderá ser concedido por lei específica, mas, nesse caso, sem incor-

---

20 MS. 22468-1 – Rel. Ministro Mauricio Correa. *Informativo STF*, n.45, 16-20, set.1996.

porá-lo à remuneração do servidor, já que o abono tem prazo certo para seu fim (Pereira Júnior, 1999, p.103, 127-9).

Há controvérsias, no entanto, quanto aos destinatários do inciso X, do artigo 37, da CF. Celso Antonio Bandeira de Mello (1990, p.70) entende que ao pessoal regido pela Consolidação das Leis do Trabalho (CLT) não se aplica tal dispositivo, pois estes estão sujeitos aos dissídios coletivos que poderão levar as revisões a índices diversos e em épocas diferentes.

Para Jessé Torres Pereira Junior (1999, p.100),

> Na remuneração, para efeito do art. 37, X, não se encontram os salários dos empregados públicos (os que atuam nas empresas públicas e sociedades de economia mista). Mas acrescenta como exceção: a menos que se trate de empresa pública ou sociedade de economia mista enquadrável no § 9º deste mesmo art. 37, hipótese em que os seus empregados, porque submetidos ao teto remuneratório geral, farão igualmente jus à revisão geral.

Para identificar os servidores públicos aos quais o artigo 1º da Lei nº 10.331/01 quis contemplar, é preciso, no contexto legal atual, definir o termo "remuneração" aludido pelo referido artigo. Ele engloba o atual sistema remuneratório dos agentes públicos, abarcando os vencimentos (para os sujeitos ao regime jurídico estatutário) e salários (para os agentes públicos sujeitos ao regime jurídico celetista). Quanto ao subsídio, é expressa a menção feita pelo dispositivo em comento. Portanto, aos agentes públicos remunerados por vencimentos, salários e subsídios deve a presente norma ser aplicada.

Por fim, é preciso que se considere que não será possível vincular o salário mínimo vigente às revisões previstas no artigo 37, inciso X, da CF, pois este não serve de parâmetro para tais revisões, nem para qualquer outra espécie remuneratória. É o que se depreende das orientações do STF:

> A vedação da vinculação ao salário mínimo contida na parte final do art. 7º, IV, da Constituição não tem sentido absoluto, mas

deve ser entendida como vinculação de natureza econômica, para impedir que, com essa vinculação, se impossibilite ou se dificulte o cumprimento da norma na fixação do salário mínimo compatível com as necessidades aludidas no dispositivo, bem como na concessão de reajustes periódicos que lhe preservem o poder aquisitivo.[21]

3.6 Teto salarial do Poder Público – artigo 37, inciso XI e § 9º, da CF

"ART. 37 – A Administração Pública direta e indireta de qualquer dos Poderes da União, dos Estados, do Distrito Federal e dos Municípios obedecerá aos princípios da legalidade, impessoalidade, moralidade, publicidade e eficiência e, também, ao seguinte:..

XI – a remuneração e o subsídio dos ocupantes de cargos, funções e empregos públicos da Administração direta, autárquica e fundacional, dos membros de qualquer dos Poderes da União, dos Estados, do Distrito Federal e dos Municípios, dos detentores de mandato eletivo e dos demais agentes políticos e os proventos, pensões ou outra espécie remuneratória, percebidos cumulativamente ou não, incluídas as vantagens pessoais ou de qualquer outra natureza, não poderão exceder o subsídio mensal, em espécie, dos Ministros do Supremo Tribunal Federal;.........................

§ 9º – O disposto no inciso XI aplica-se às empresas públicas e às sociedades de economia mista, e suas subsidiárias, que receberem recursos da União, dos Estados, do Distrito Federal ou dos Municípios para pagamento de despesas de pessoal ou de custeio em geral."

---

21 RE nº 201.297 – 1 – Rel. Ministro Moreira Alves – DJU 2.10.1997.

Essa alteração teve como uma de suas justificativas alcançar os inativos e pensionistas, para que estes, assim como os servidores ativos, possam ter seus proventos e pensões limitados ao teto, evitando a ocorrência de discrepâncias salariais.

Para considerar o teto salarial como referencial, este deverá ser fixado por meio de lei federal ordinária, editada pelo Congresso Nacional, com base em um projeto de lei de iniciativa dos Presidentes da República, da Câmara dos Deputados, do Senado Federal e do Supremo Tribunal Federal, não se admitindo nenhuma espécie normativa para sua fixação, por tratar-se de matéria sujeita à reserva constitucional de lei em sentido formal. Trata-se, portanto, de norma constitucional de eficácia limitada à edição de lei ordinária. Dessa forma, deliberou o STF, na Ata da 3ª Sessão Administrativa, de 24.6.1998, por sete votos a quatro, que, "até que se edite a lei definidora do subsídio mensal a ser pago a ministro do Supremo Tribunal Federal, prevalecerão os três (3) tetos estabelecidos para os Três Poderes da República, no art. 37, XI, da Constituição, na redação anterior à que lhe foi dada pela EC 19/98..."[22]

Dinorá Grotti (1998), no entanto, discorda de tal posicionamento ao afirmar que "a norma inserta no inc. XI do art. 37, da CF, é de eficácia plena e aplicabilidade imediata, não dependendo, relativamente ao teto, de regulamentação. Com a promulgação da Emenda converte-se automaticamente em subsídio a soma das parcelas percebidas pelos Ministros do STF."

Qualquer forma de retribuição pecuniária aos servidores – vencimentos, salários ou subsídios – deverá submeter-se ao teto. No entanto, quanto aos acréscimos de outras parcelas remuneratórias, inclusive vantagens pessoais, só será cabível aos vencimentos e salários. Mas essa cumulação não poderá exceder o

---

[22] Comunicado enviado pela Presidência do STF (ofício GP nº 317/98, de 2 de junho de 1998) à Procuradoria Geral de Justiça do Estado de São Paulo e divulgado pela Associação Paulista do Ministério Público em julho de 1998.

teto, afastando a interpretação dada anteriormente ao artigo 39, § 1º, da CF, em sua redação original, de que as vantagens pessoais e as relativas à natureza ou local de trabalho ficavam fora do teto. No caso dos subsídios, há expressa menção, no artigo 39, § 4º, da CF, sobre a impossibilidade de cumular outras parcelas.

Vantagens pessoais devem ser entendidas como aquelas incorporadas à remuneração do servidor em razão de uma situação ligada à sua própria condição individual (adicional por tempo de serviço, adicional de hora extra, de trabalho noturno etc.). Ao contrário das vantagens de carreira, cujos acréscimos estão vinculados ao cargo ou à função.

Segundo a própria Comissão Especial, revisora do Projeto de Emenda na Câmara dos Deputados, as verbas indenizatórias, tais como ajuda de custo, diárias de viagem, estão, no entanto, fora do limite estabelecido pelo teto (Pereira Júnior, 1999, p.111).

Isso fica evidente uma vez que o teto a ser seguido é de remuneração, e verba indenizatória não é remuneração. Assim, o Poder Público deverá separar o "joio do trigo" para aplicar corretamente o teto, ou seja, somente quanto à remuneração do agente público. As verbas indenizatórias não fazem constantemente parte da remuneração do servidor, mas apenas quando necessite de reembolso em razão de gastos efetuados para realização de determinadas atividades no exercício da função, em caráter eventual, como no caso das diárias de viagem.

Segundo o Tribunal de Contas da União, caso haja necessidade de viagens constantes, o servidor não fará jus a diárias:

> O servidor que, a serviço, se afastar da sede em caráter eventual ou transitório, para outro ponto do território nacional, fará jus a passagens e diárias, para cobrir as despesas de pousada, alimentação e locomoção urbana... Nos casos em que o deslocamento da sede constituir exigência permanente do cargo, o servidor não fará jus a diárias... Observe-se que o servidor só não faz jus a diárias nos casos de deslocamentos que constituam exigência permanente do cargo. Portanto, para se analisar a legalidade das diá-

rias pagas ao servidor... há que se definir claramente o que são esses deslocamentos que constituam exigência permanente do cargo, em cada caso. (TCU, Plenário, proc. nº 700475, rel. Ministro Humberto Guimarães Souto, DOU de 19.8.1996, p.15835)

Estende-se o teto a todos os empregados das sociedades de economia mista e empresas públicas, exceto àqueles que trabalharem em subsidiárias que não recebem recursos da União, dos Estados, do Distrito Federal ou dos Municípios para pagamento de pessoal ou de custeio em geral (artigo 37, § 9º, da CF). Com isso, estimula-se a autonomia dessas entidades que se esforçarão para que suas despesas sejam atendidas tão-somente com seus próprios recursos financeiros, sem que haja necessidade de recorrer ao erário para complementação. Caso isso não ocorra, a remuneração de seus servidores não poderá ultrapassar o teto, o que dificulta a contratação de profissionais mais qualificados, aos quais o mercado atribui remuneração elevada. Além disso, com a edição da EC nº 19/1998, todas as tabelas remuneratórias devem ser ajustadas aos limites do teto, mesmo que, antes disso, fossem superiores a ele. Se tal dispositivo não tiver sido aplicado, caberá intervenção, nos moldes do artigo 26, parágrafo único, alínea i, do Decreto-Lei nº 200/1967.

É mister que se esclareça que, no caso de remunerações ou proventos advindos do exercício de cargos acumuláveis, aplica-se o teto em comento. Tal limitação, no entanto, com maior veemência, atinge aqueles profissionais mais bem preparados da administração, geralmente os que acumulam um cargo técnico com um de magistério, prejudicando-os e afugentando-os da Administração Pública.

Segundo Jessé Torres Pereira Junior (1999, p.118-9),

> A regra da proibição de acumulação remunerada de cargos, empregos e funções deixa claro que há cargos, empregos e funções cujas remunerações são cumuláveis, na atividade ou na inativida-

de, quais sejam as de dois cargos de professor, a de um cargo de professor com outro técnico ou científico, e a de dois cargos privativos de médico. Se tais cargos podem ser licitamente acumulados, incluindo a percepção das respectivas remunerações e proventos, a soma dessas remunerações e desses proventos não estaria limitada pelo teto constitucional, sob pena de a Constituição conceder a acumulação de um lado e subtrair-lhe o principal efeito – que é a remuneração – por outro.

Já discorrida a questão do direito adquirido no Capítulo 3, a equação a ser aplicada para o caso em pauta é a mesma das considerações lá efetuadas. Assim, o respeito ao teto deve ser considerado para os casos que ocorrerem após a promulgação da EC nº 19/1998. Aqueles servidores que tenham, em seu patrimônio, incorporado vencimentos superiores aos impostos pelo futuro teto salarial não poderão vê-los restringidos, sob pena de terem seus direitos adquiridos desrespeitados.

3.7 Vedação à vinculação ou equiparação remuneratória no serviço público – artigo 37, inciso XIII, da CF

"ART. 37 – A Administração Pública direta e indireta de qualquer dos Poderes da União, dos Estados, do Distrito Federal e dos Municípios obedecerá aos princípios da legalidade, impessoalidade, moralidade, publicidade e eficiência e, também, ao seguinte:..

XIII – é vedada a vinculação ou equiparação de quaisquer espécies remuneratórias para o efeito de remuneração de pessoal do serviço público;"

Inicialmente, é preciso que se atente para o fato de que os termos vinculação, equiparação, isonomia e paridade não se confundem.

A equiparação quer que se igualem cargos com denominações e atribuições diversas, dando a eles vencimentos idênticos. Nesse caso, o tratamento é igual para situações desiguais. Para que haja a vinculação, deve existir um cargo inferior e outro superior, e uma certa diferença entre os vencimentos de um e de outro. Além disso, à medida que se aumentam os vencimentos de um, os do outro tornam-se mais elevados, mantendo sempre a mesma distância.

Já no caso da isonomia, os cargos são geralmente iguais, o que permite a igualdade de vencimentos. Esses servidores têm o direito de receber seus salários em igualdade de condições com aqueles que exerçam cargos iguais. Essa igualdade entre os iguais teve merecida acolhida dos legisladores, uma vez que não só esteve prevista no âmbito administrativo do artigo 39, § 1º, da CF, como também continua vigendo entre os direitos e garantias constitucionais do artigo 5º da CF. Afirmamos "esteve prevista" no artigo 39, § 1º, porque a EC nº 19/1998 aboliu tal norma, o que não significa a supressão da obrigatoriedade em se observar o princípio da igualdade para aqueles que estiverem em situação isonômica, uma vez que tal princípio constitui direito fundamental, e este é insuscetível de ser banido do ordenamento jurídico constitucional, por estar no rol dos princípios sensíveis insculpidos no artigo 60, § 4º, inciso IV, da CF. No entanto, apesar de sempre ser lembrada pelo legislador constituinte ao longo das constituições brasileiras, a igualdade jurídica descrita teoricamente na letra da lei vem demorando em ter sua efetiva concretização na prática de nosso país. Muito se fala, muito se escreve, mas pouco se faz para a amenização das discriminações, fonte das desigualdades banidas por nossa Lei Maior.

Por fim, para que ocorra a paridade, deverá haver semelhança de cargos e de suas respectivas atribuições, com a diferença de que esses cargos, empregos, funções pertencem a quadros de poderes diferentes. Nesse caso, não há proibição constitucional, pois é tratada como uma forma de manifestação da própria isonomia.

Tanto a equiparação como a vinculação são vedadas pelo artigo 37, inciso XIII, da CF, objeto da presente análise.

Veio a EC nº 19/1998, portanto, banir de vez a possibilidade de se tratar vinculação e equiparação como se isonomia fossem, deixando claro que a vedação deve se estender a todas as espécies remuneratórias e não mais apenas aos vencimentos, como dispunha a redação anterior.

O STF, no entanto, já declarara a inconstitucionalidade de muitos preceitos que confundiam vinculação e equiparação com isonomia. É o caso da vinculação – declarada inconstitucional pelo STF – da carreira de delegado de polícia com a de membro do Ministério Público, encontrada nas constituições estaduais do Estado de Rondônia (artigo 147, § 3º) e do Estado do Espírito Santo (artigo 276). São carreiras diversas incompatíveis para efeito de isonomia remuneratória. Da mesma forma quanto à equiparação:

> Administrativo – Município de São Bernardo do Campo – proventos de chefe de seção do arquivo central – Acórdão que, invocando a norma do § 1º do artigo 39 da Constituição Federal, equiparou-os aos vencimentos do cargo de chefe de seção do departamento de saúde – Aplicação inadequada do dispositivo constitucional, cujo preceito é dirigido ao legislador, a quem compete concretizar o princípio da isonomia, considerados especificamente os cargos de atribuições iguais ou assemelhadas. Incidência da Súmula nº 339. Precedentes da Corte. Recurso conhecido e provido.[23]

Como toda regra em direito não é absoluta, e apesar de toda vedação explicitada pelo inciso XIII, do artigo 37, da CF, o legislador constituinte estabeleceu as exceções entendidas como cabíveis. É assim que o artigo 93, inciso V, da CF possibilita a vinculação dos vencimentos dos magistrados fixados com dife-

---

23 STF – RE 219.393 – SP – 1ª T. – Rel. Ministro Ilmar Galvão – Unânime – DJU 21.5.1999. *Interesse Público*, n.2, p.187, 1999.

rença não superior a 10% de uma para outra das categorias da carreira. Da mesma forma, o inciso XI do artigo 37, da CF, também acaba por estatuir uma certa vinculação, quando limita toda espécie remuneratória ao subsídio recebido pelos Ministros do STF.

Mas as exceções não se prendem apenas à vinculação, a Carta Magna utiliza-se também do recurso equiparatório. É o que se depreende da análise dos artigos 135 e 241 da CF.[24]

3.8 Proibição ao efeito repicão – artigo 37, inciso XIV, da CF

> "ART. 37 – A Administração Pública direta e indireta de qualquer dos Poderes da União, dos Estados, do Distrito Federal e dos Municípios obedecerá aos princípios da legalidade, impessoalidade, moralidade, publicidade e eficiência e, também, ao seguinte:..
>
> XIV – os acréscimos pecuniários percebidos por servidor público não serão computados nem acumulados para fins de concessão de acréscimos ulteriores;......................................"

A vedação constante desse inciso não se alterou com a EC nº 19/1998, em sua essência, pois em sua redação original tal proibição já era contemplada.

O efeito repicão banido pela Constituição traz um efeito multiplicador sobre a espécie remuneratória, uma vez que há o

---

[24] "Art. 135 – Os servidores integrantes das carreiras disciplinadas nas Seções II e III deste Capítulo serão remunerados na forma do art. 39, § 4º."
"Art. 241 – A União, os Estados, o Distrito Federal e os Municípios disciplinarão por meio de lei os consórcios públicos e os convênios de cooperação entre os entes federados, autorizando a gestão associada de serviços públicos, bem como a transferência total ou parcial de encargos, serviços, pessoal e bens essenciais à continuidade dos serviços transferidos."

cômputo de vantagens sobre vantagens. É isso que nossa Carta Magna quer evitar, ou seja, que os servidores tenham excesso de benefícios além daqueles devidos. É o constante do acórdão:

> RMS – Constitucional – Administrativo – Servidor público inativo – Proventos – Gratificações de periculosidade e nível universitário – Incidência restrita ao vencimento básico – Impossibilidade de superposição (art. 37, XIV, da Carta Política de 1988) – Inexistência do direito líquido e certo reclamado. 1. A Constituição Federal de 1988 em seu art. 37, XIV, veda a superposição de acréscimos, dentre eles gratificações, sobre a concessão de acréscimos ulteriores "efeito cascata". Desta forma, inexiste direito adquirido quanto a incidência das gratificações de periculosidade de nível universitário sobre o somatório do vencimento básico mais gratificação de produtividade. A incidência deve ficar restrita ao primeiro. Inteligência do art. 37, XIV da CF/88. 2. Precedentes (RMS nº 7107-SE e RMS nº 7243). 3. Recurso Desprovido.[25]

Não são todos, no entanto, os servidores públicos abarcados pelo dispositivo, apenas os que estiverem sob o regime de vencimentos e não sob o regime de subsídios, em razão da proibição contida no texto legal, artigo 39, § 4º, da CF.

O que a EC nº 19/1998 suprimiu foi a necessidade de os acréscimos ulteriores serem sob o mesmo título ou idêntico fundamento, e aí consta a modificação. Analisando-se o texto original, conclui-se que, se o acréscimo fosse a outro título e com fundamento diferente, não haveria proibição. Dessa forma, vê-se que o texto proporcionava extensa interpretação, permitindo os acréscimos pecuniários. A EC nº 19/1998 acabou com esse atalho, e hoje essa possibilidade já não existe.

Não há impedimento ao pagamento de licenças e férias não gozadas, para atender à necessidade de serviço, ao servidor que se aposenta, pois, nesse caso, há mera indenização, sem caráter remuneratório. É o constante dos respectivos acórdãos:

---
25 *Revista Consulex: Leis e Decisões*, Brasília, n.39, p.21, mar. 2000.

ADMINISTRATIVO – CONVERSÃO DE FÉRIAS PROPORCIONAIS EM PECÚNIA – APOSENTADORIA – ACRÉSCIMO DE 1/3 – CABIMENTO – 1 – É devido o pagamento de férias proporcionais ao servidor aposentado, uma vez que esta verba tem natureza indenizatória, sendo mera reparação do dano sofrido pelo funcionário, sob pena de enriquecimento ilícito da administração. Precedentes deste STJ. 2 – Recurso conhecido e não provido.[26]

ADMINISTRATIVO – APOSENTADORIA – FÉRIAS NÃO GOZADAS – INDENIZAÇÃO – ORIENTAÇÃO NORMATIVA nº 001/94 – SRH/SEA – ANALOGIA – CUSTAS – PROCESSUAIS – ISENÇÃO – O servidor do Governo do Distrito Federal, ao se aposentar, faz jus à indenização das férias não gozadas, em razão da Previsão Normativa nº 001/94 que regulamenta os acertos de férias decorrentes da exoneração e da aposentadoria...[27]

3.9 Irredutibilidade de subsídio e vencimentos – artigo 37, inciso XV, da CF

"ART. 37 – A Administração Pública direta e indireta de qualquer dos Poderes da União, dos Estados, do Distrito Federal e dos Municípios obedecerá aos princípios da legalidade, impessoalidade, moralidade, publicidade e eficiência e, também, ao seguinte:..

XV – o subsídio e os vencimentos dos ocupantes de cargos e empregos públicos são irredutíveis, ressalvado o disposto nos incisos XI e XIV deste artigo e nos arts. 39, § 4º, 150, II, 153, III, e 153, § 2º, I;..."

---

[26] STJ – R. Esp. 73.968 – DF – 5ª T. – Rel. Ministro Edson Vidigal – Unânime – DJU 9.11.1998, p.130. *Interesse Público*, São Paulo, n.1, p.169, 1999.
[27] Acórdão nº 36723 TJDF – 2ª TC – Rel. Ministro Joazil M. Gardes – DJ 13.11.1996, p.20670. *Consulex* – CD-ROM.

A modificação introduzida pela EC nº 19/1998 veio apenas se adequar ao novo termo consagrado por ela, qual seja, o subsídio, pois ficou mantida a irredutibilidade remuneratória já disposta na redação anterior.

A Constituição Federal foi feliz ao positivar a irredutibilidade de vencimentos já em 1988, extensiva a todos os servidores públicos, pois tal garantia, em data anterior, só alcançava os magistrados, membros do Ministério Público, e dos Tribunais de Contas. Porém, tal preceito só existe em tese, uma vez que as reduções continuam e continuarão a existir, ao menos indiretamente. É o que ocorre continuamente em nosso país quando os servidores públicos deixam de receber os aumentos devidos de modo a perder o poder aquisitivo da moeda, em que pese garantida constitucionalmente a revisão anual, prevista no artigo 37, inciso X, da CF.

Dessa forma, verifica-se que, fixado o valor padrão do vencimento ou do subsídio, a partir de então é que se dará a irredutibilidade. Esta é jurídica, ou seja, nominal, alcançando apenas as modificações que ocorrerem naquele valor padrão. Portanto, o direito à correção monetária não é alcançado pela irredutibilidade, como nos aponta a própria jurisprudência do STF: "A dilação de cinco dias na data de pagamento dos servidores não ofende seu direito adquirido, nem viola o princípio da irredutibilidade de vencimentos, *que é jurídica, e não econômica, não protegendo o servidor contra a desvalorização da moeda...*".[28]

Deve-se ressaltar que certas reduções impostas legalmente não estão garantidas pela irredutibilidade. É o que ocorre, por exemplo, quando da incidência das regras tributárias, com os descontos progressivos do imposto de renda. Nesse caso, outros princípios são seguidos, como o da igualdade tributária entre os trabalhadores, e que não podem deixar de ser observados. Também é o caso das reduções advindas das condenações criminais.

---

[28] AC – 97.0450123-4 – RS – 4ª T – Rel. Juiz Antonio Albino Ramos de Oliveira – Unânime – DJU 21.7.1999, p.384. *Direito Público Nota Dez* – CD-ROM.

Da mesma forma, não incide a irredutibilidade sobre outras parcelas, a não ser aquelas fixadas em caráter permanente e definitivo.

Uma questão prática bastante discutida é aquela tendente a reduzir os valores pagos para ocupantes de cargos e empregos públicos sujeitos a subsídio, que estão acima do teto fixado atualmente pela própria EC nº 19/1998, mas que em situação legalmente definida em normas anteriores. O limite da irredutibilidade, ou seja, o teto, é o estatuído nos incisos XI e XIV do artigo 37 e nos demais artigos citados pelo inciso XV. Assim, todo valor que superar o disposto para o teto estará sujeito a ser reduzido pela administração, em razão do seu dever de aplicar a redução toda vez que o valor remuneratório ultrapassar o valor do subsídio dos Ministros do STF.

É preciso, no entanto, que, novamente, seja discutida a questão do direito adquirido. Uma coisa é a norma constitucional originária advinda do poder constituinte originário, outra é a norma constitucional derivada estabelecida por meio de emendas constitucionais oriundas do poder constituinte derivado.

Em razão de suas características inerentes de inicialidade, incondicionalidade e ilimitação, já discorridas no Capítulo 3, o poder constituinte originário não vislumbra a garantia aos direitos adquiridos, porque, originariamente, a Constituição a estabelece, dando início a toda normatividade jurídico-positiva de um Estado soberano sem nenhuma limitação ou condição impostas.

> A irretroatividade das normas, inclusive das normas constitucionais, é um princípio geral de direito, a diferença é que a norma constitucional originária, por não se submeter a limitações jurídicas, pode colher fatos a ela anteriores. Em conseqüência, pode dar-lhe caráter (lícito ou ilícito) diferente do que tinham na ordem jurídica anterior. Igualmente pode pôr termo a direitos adquiridos. (Ferreira Filho, 1997, p.4)

Diametralmente oposto está o poder constituinte derivado, condicionado e limitado. E, por assim ser, está restrito e sujeito às próprias condições e limitações impostas pela CF/88. Entre elas, encontra-se a limitação material explícita, constante do artigo 60, § 4º, inciso IV, da CF, em que se impõe a vedação de proposta de emenda tendente a abolir os direitos e garantias individuais. Ora, sendo o direito adquirido uma garantia individual expressa no artigo 5º, inciso XXXVI, da CF, é, portanto, imodificável por emenda constitucional.

Se assim o é, não cabe reduzir os valores pagos para ocupantes de cargos e empregos públicos sujeitos a subsídio, com suas respectivas situações amparadas em normas anteriores à EC nº 19/1998, se estes se encontrarem em patamar superior ao teto estabelecido, em respeito aos direitos adquiridos, em face do previsto pela própria CF/88.

A redução ao teto, portanto, somente se dará nos casos regidos pela EC nº 19/1998 e a partir dela, respeitados os direitos adquiridos, ante os limites impostos pela Constituição Federal.

De acordo com Hélio Saul Mileski (1998):

> O art. 37, XV, ao assegurar que o subsídio e os vencimentos dos cargos e empregos públicos são irredutíveis, ressalva as hipóteses ali contempladas, como é o caso, por exemplo, do estatuído nos incisos XI e XIV, o que equivale a dizer que não haverá tal proteção para os montantes que se situarem em patamar superior ao subsídio dos Ministros do STF, ou cuja modalidade de cálculo incorpore algum tipo de efeito cascata, vedado pelo inciso XIV.

Ademais, normas anteriores que sejam incompatíveis com a nova ordem constitucional não são por esta recepcionadas.

Assim já julgavam nossos tribunais, antes mesmo da vigência da EC nº 19/1998, como no caso a seguir:

> EMENTA: Constitucional e Administrativo – Servidor – Teto – Limite Máximo – Vantagem pessoal – art. 42 da Lei nº 8.112/90 – Constitucionalidade do abate-teto – art. 17 do ADCT – Segurança denegada. I – A remuneração dos servidores do Poder Executivo

está sujeita ao abate constitucional, tendo como teto os vencimentos de Ministro de Estado. II – As vantagens de natureza individual, como os adicionais por tempo de serviço, entre outras, estão excluídas do teto remuneratório do funcionalismo público (CF, arts. 37, X, e 39, § 1º, in fine). III – A redução decorrente de corte dos vencimentos para adequá-los ao limite constitucionalmente autorizado e estabelecido em lei não ofende aos princípios da legalidade, do direito adquirido, do ato jurídico perfeito e nem da irredutibilidade de vencimento. (AC nº 94.01.09315-6/MG). IV – Apelação improvida. V – Sentença confirmada.[29]

Outra alteração trazida pela EC nº 19/1998 foi com relação aos destinatários da irredutibilidade, já modificada pela EC nº 18. Pelo texto anterior, a Constituição Federal era explícita ao estender a irredutibilidade tanto aos servidores civis como aos militares. Suprimida a referência dada aos militares, nem por isso ficaram de fora de tal garantia. A EC nº 18 quando modificou o artigo 142 da CF/88, em seu inciso VIII, estabeleceu que aos militares deveriam estender-se os incisos XI, XIII, XIV e XV do artigo 37. Conclui-se, com isso, que os militares continuam com a remuneração irredutível, pois a eles estende-se o referido no inciso XV do artigo 37, objeto da presente análise.

3.10 Vedação à acumulação remunerada de cargos públicos – artigo 37, incisos XVI e XVII, da CF

> ART. 37 – A Administração Pública direta e indireta de qualquer dos Poderes da União, dos Estados, do Distrito Federal e dos Municípios obedecerá aos princípios da legalidade, impessoalidade, moralidade, publicidade e eficiência e, também, ao seguinte: ....

---

29 AMS nº 9510461-3 – TRF – 1ª R – 1ª T – Rel. Juiz Carlos Olavo – DJ 2.8.1999, p.13. *Revista Consulex: Leis e Decisões*, Brasília, n.36, p.27, dez., 1999.

XVI – é vedada a acumulação remunerada de cargos públicos, exceto quando houver compatibilidade de horários, observado em qualquer caso, o disposto no inciso XI:
a) a de dois cargos de professor;
b) a de um cargo de professor com outro, técnico ou científico;
c) a de dois cargos ou empregos privativos de profissionais de saúde, com profissões regulamentadas;
XVII – a proibição de acumular estende-se a empregos e funções e abrange autarquias, fundações, empresas públicas, sociedades de economia mista, suas subsidiárias e sociedades controladas, direta ou indiretamente, pelo Poder Público;.."

Convém que, para a análise da matéria a ser tratada neste tópico, sejam estudados conjuntamente os incisos XVI e XVII do artigo 37 da CF, pois ambos dispõem sobre problema da acumulação remunerada.

Com base no inciso XVI, verifica-se que a EC nº 19/1998 acrescentou a necessidade de se observar o teto estabelecido no inciso XI do artigo 37 da CF nos casos de acumulação permitidos pela lei, o que não era necessário no texto originário.

Assim, permite a Constituição Federal que se dê a acumulação, havendo compatibilidade de horários, e respeitando o teto estabelecido de dois cargos de professor, de um cargo de professor com outro, técnico ou científico, ou, ainda, de dois cargos ou empregos privativos de profissionais de saúde, com profissões regulamentadas. Ressalte-se que esta última hipótese (alínea c do inciso XVI do artigo 37 da CF) foi alterada pela EC nº 34, de 13 de dezembro de 2001, ampliando os profissionais beneficiados pela norma, pois pela redação anterior apenas aos médicos era concedido o direito à acumulação de cargos (dois cargos privativos de médico), o que, com a modificação, passa a beneficiar todos os profissionais de saúde, com profissões regulamentadas.

Em outras duas hipóteses não inseridas neste dispositivo, mas não menos permitidas pela Constituição Federal, é possível a acumulação. Trata-se do disposto nos artigos 95, parágrafo único, inciso I, e 128, § 5º, inciso II, alínea d, da CF, que dispõem sobre a possibilidade de cumulação dos cargos de magistrado e dos membros do Ministério Público, respectivamente, com um cargo de magistério. Tais hipóteses, todavia, só clareiam o que já consta da alínea b do preceito em questão, ou seja, a possibilidade de acumulação remunerada de um cargo de magistério com outro técnico ou científico.

Ao ler o artigo em comento, parece fácil compreender e estabelecer os casos em que se admite a acumulação remunerada de cargos. No entanto, as dificuldades, na prática, vêm ocorrendo. Para sanar essas dúvidas vem a jurisprudência dos tribunais manifestando-se de forma a diferenciar as várias situações, dando as soluções possíveis e cabíveis aos casos concretos. Prova disso são os acórdãos prolatados pelo egrégio STJ a seguir expostos, iniciando-se pela definição do que venha a ser cargo técnico ou científico: é "aquele para cujo exercício seja indispensável e predominante a aplicação de conhecimentos ... de nível superior de ensino (Decreto nº 35.956/54), não se ajustando a tal conceito o cargo de Fiscal de Concessões e Permissões, de natureza eminentemente burocrática".[30]

CONSTITUCIONAL E ADMINISTRATIVO – SERVIDOR PÚBLICO – ACUMULAÇÃO DE CARGOS – PROIBIÇÃO – A permissão para acumular cargos públicos não pode exceder os limites previstos na Constituição Federal. Assim, é vedado o exercício simultâneo dos cargos de médico veterinário com o de perito criminal, mormente em se considerando que, na espécie, o cargo de perito criminal não é privativo de médico, abrangendo também outras es-

---

30 STJ – MS nº 7.006 – DF – Rel. Ministro Vicente Leal – DJU 4.11.1996, p.42528.

pecialidades. Cargo privativo de médico no campo da perícia criminal é o de médico legista, este sim, acumulável, nos termos do art. 37, XVI, alínea c, da *Lex Matter*. Recurso Desprovido.[31]

EMENTA: CONSTITUCIONAL – ADMINISTRATIVO – FUNCIONÁRIO PÚBLICO – ACUMULAÇÃO DE CARGOS PRIVATIVOS DE MÉDICO – MEDICINA VETERINÁRIA – EXEGESE – INADMISSIBILIDADE – A Constituição da República consagra o princípio geral da inacumulação de cargos públicos, excepcionando apenas as hipóteses nela exaustivamente prevista, dentre elas a de dois cargos privativos de médicos (art. 37, XVI, c). À luz do preceito constitucional que arrola as exceções ao mencionado princípio, tem-se como admissível a acumulação de um cargo de médico com outro de perito criminal na área de medicina veterinária. A profissão de médico veterinário equipara-se à de médico, já que ambas atuam no campo da cura de doenças, pois enquanto aquela exige conhecimentos na área de Zooiatria, Zoologia e Zootecnia, com vistas à saúde dos animais, esta tem o seu campo de conhecimento no pertinente a saúde humana. Recurso ordinário provido.[32]

A vedação de acumulação de cargos públicos estende-se, segundo o inciso XVII do artigo 37 da CF, a empregos e funções e abrange autarquias, fundações, empresas públicas, sociedades de economia mista, suas subsidiárias e sociedades controladas direta ou indiretamente pelo Poder Público. Ampliou-se, portanto, a proibição, e, agora, estende-se a proibição às subsidiárias e às controladas direta e indiretamente pelo Poder Público. Observe-se que a proibição não se estende a empregos privados em empresas privadas, podendo os servidores ocupá-los, desde que, é claro, não exista nenhuma outra norma proibitiva, seja

---

31 STJ – RMS 8.253 – RJ – 6ª T. – Rel. Ministro Anselmo Santiago – Unânime – DJU 1º.2.1999, p.232. *Interesse Público*, São Paulo, n.1, p.162, 1999.
32 STJ – RMS 7.889 – RJ – 6ª T. – Rel. Ministro Vicente Leal – Unânime – DJU 26.10.1998, p.159. *Interesse Público*, São Paulo, n.1, p.171, 1999.

no âmbito constitucional, seja no infraconstitucional (por exemplo, as que exigem exclusividade da prestação de serviço).

A acumulação banida pela Constituição é a remunerada. Esta, no entanto, levou doutrinadores a interpretações diversas sobre o significado da expressão "acumulação remunerada", das quais surgiram duas correntes.

Para a primeira, a interpretação é restritiva à letra da lei. Então, a proibição só se dará se houver remuneração pelos dois cargos. Se o servidor renunciar a uma das remunerações, poderá acumular os cargos. Porém, tal situação é inaceitável, uma vez que não existe trabalho gratuito. Assim dispõe o artigo 4º do RJU: "É proibida a prestação de serviços gratuitos, salvo os casos previstos em lei" (Brasil, 1990).

Com base numa interpretação mais extensiva, coerente com a finalidade pública de preservar a moralidade e a eficiência da administração, encontra-se a segunda corrente. Para esta, não se deve fazer da renúncia a uma das remunerações um atalho para burlar os fins da Administração Pública. A acumulação remunerada proibida pela Constituição Federal, portanto, é entendida como aquela em que os cargos, empregos ou funções são remunerados, sendo irrenunciável a remuneração, ainda que o servidor queira trabalhar sem receber o que lhe é devido.

Não se deve confundir estes cargos que são remunerados pela própria definição legal com aquelas funções em que não há esta previsão e são exercidas com mandato certo, e como função de confiança do governo, como no caso de comissões organizadas para estudos específicos com fins públicos, ou Conselhos como os de direitos humanos. Aqui, muitas vezes há pessoas exercendo tais funções, sem remuneração, e providos em outros cargos públicos, mas não proibidos pela vedação constitucional.

Caso ocorra uma situação que se encaixe numa das hipóteses de vedação constitucional, o servidor fará jus ao devido processo legal e à ampla defesa, não podendo a administração fazer julgamentos precipitados sem que se conceda este direito ao trabalhador. É posição do STJ:

> ADMINISTRATIVO – FUNCIONÁRIO PÚBLICO – ACUMULAÇÃO DE CARGOS – BLOQUEIO DE VENCIMENTOS – IMPOSSIBILIDADE – DEVIDO PROCESSO LEGAL – O funcionário público, investido regularmente em cargo mediante prévio concurso público, tem direito de receber os seus vencimentos, que não podem sofrer bloqueio pela Administração sob a justificativa de acumulação de cargos, sendo imprescindível na espécie o regular procedimento administrativo, com observância do direito de defesa e do devido processo legal. Recurso ordinário provido. Segurança concedida.[33]

Todos os entes federativos devem obediência a esse inciso, não podendo criar novas exceções além das especificadas pela Constituição Federal. O STF declarou inconstitucional o artigo 145, § 7º, alínea c, da Constituição do Estado do Mato Grosso que previa a legalidade de cumulação de dois cargos privativos de profissionais da saúde, desde que houvesse compatibilidade de horários, hipótese esta fora dos casos possíveis permitidos pela Lei Maior.[34]

Ressalte-se que essa possibilidade somente passou a ser legal com a edição da EC nº 34, de 13 de dezembro de 2001, portanto, bem posterior à decisão do STF.

Essa regra da não-cumulação remunerada há muito vem sendo lembrada pelo legislador, seja no plano constitucional, seja por meio de leis infraconstitucionais. A primeira Constituição a incluir em seu rol tal proibição foi a de 1891. A partir de então, nunca mais se deixou de mencionar esta vedação. No

---

33 STJ – RMS 9554 – CE – 6ª T – Rel. Ministro Vicente Leal – DJU 17.2.1999, p.169. *Interesse Público*, São Paulo, n.1 p.157, 1999.
34 STF – ADIN nº 281/MT – Rel. Ministro Ilmar Galvão, decisão: 5.11.1997. *Informativo STF* n.91, 1997.

entanto, no plano infraconstitucional, desde 1828 a proibição de acumular cargos já era objeto de preocupação do legislador.

Tal zelo com a matéria deve-se ao fato de que a acumulação de cargos, em geral, no âmbito público, influi diretamente na prestação do serviço público e, conseqüentemente, no interesse dos administrados, da sociedade como um todo.

Um serviço prestado por uma só pessoa funciona muito melhor do que o executado por diversas pessoas. Da mesma forma, uma pessoa que presta um único serviço é muito mais eficiente do que aquela que realiza inúmeras outras tarefas sem conseguir executar eficazmente nenhuma delas. Aí reside o interesse público em ver uma administração moralizada, eficiente e bem distante da desorganização provocada por acúmulo de serviço.

É mister que se esclareça que não elimina a proibição o fato de o servidor estar afastado do cargo, ou seja, em licença, pois, nesse caso, não há ruptura do vínculo jurídico funcional. Mesmo afastado, o servidor continuará em situação de cumulação, uma vez que, apesar de não estar em plena atividade, o cargo estará provido, impedindo, ainda, que outro o ocupe desempenhando as funções. É o parecer do TCU:

> SERVIDOR PÚBLICO – ACUMULAÇÃO DE CARGOS – REMUNERAÇÃO – É vedada a titularidade simultânea de dois cargos ou empregos públicos, mesmo estando o servidor licenciado de um deles, sem percepção de remuneração.[35]

Tratamento diferenciado é dado àqueles que forem investir-se em mandato eletivo federal, estadual ou distrital, pois há condições específicas a serem observadas, insculpidas principalmente no artigo 38 da CF. Nesse caso, haverá o afastamento do servidor do cargo, emprego ou função, mas com o cômputo desse período

---

35 Decisão TCU – 1ª Câmara Proc. nº 016.395/96-4 – 30.6.1998 – Ministro Rel. Carlos Átila Álvares da Silva. *RDA*, Rio de Janeiro, n.213, p.296, jul./set. 1998.

para todos os efeitos, inclusive os de aposentadoria e disponibilidade, excluindo-se apenas o tempo para promoção por merecimento. Quanto à investidura em mandato eletivo para prefeito, haverá o afastamento do servidor, com a ressalva de que este poderá optar entre o subsídio de prefeito e a remuneração do cargo em que se encontra investido. Já para o servidor investido para o mandato de Vereador, se houver compatibilidade de horários entre o mandato para o qual se elegeu e o cargo por ele ocupado, poderá continuar exercendo suas funções, recebendo por elas e, ao mesmo tempo, perceber o *quantum* devido pela vereança. Caso, entretanto, não haja essa compatibilidade de horários, será afastado de seu cargo, podendo, no entanto, optar por esta remuneração.

Questão a ser discutida é a relativa à possibilidade de cumular proventos de aposentadoria com remuneração em cargo público. Em razão de a matéria não estar expressamente prevista no diploma legal, em princípio, determinou-se que, se não há previsão legal, essa situação não está vedada pela Constituição. Esqueceu-se, porém, de que a interpretação deve ser dada levando-se em conta não apenas a norma em si, mas todo o sistema que a engloba, seus fins e princípios. A par disso, veio a jurisprudência clarear o problema. Tanto o STF como os outros tribunais passaram a decidir pela impossibilidade dessa cumulação, sendo, hoje, o posicionamento dominante, como as decisões do STJ e do TRF a seguir citadas:

> EMENTA: Recurso em Mandado de Segurança – Administrativo e Constitucional – Acumulação de cargos – Vencimentos e proventos – Impossibilidade – Inexistência de direito adquirido frente à nova ordem constitucional de 1988. É assente a jurisprudência no sentido de que não é possível a acumulação de proventos e vencimentos, quando não se permite que os mesmos sejam acumuláveis na atividade. A Constituição expressamente dispõe os casos em que tal é possível (art. 37, XVI e XVII), e nele não se enquadra a situação do recorrente. Não há que se invocar

direito adquirido frente à nova ordem constitucional. Recurso desprovido.[36]

> EMENTA: MANDADO DE SEGURANÇA – CONSTITUCIONAL – ADMINISTRATIVO – SERVIDOR PÚBLICO – ACUMULAÇÃO DE VENCIMENTOS E PROVENTOS – IMPOSSIBILIDADE – DIREITO DE OPÇÃO – A acumulação de vencimentos e proventos no sistema constitucional brasileiro somente é admissível nos casos em que seria lícita, nos termos da Constituição Federal, a acumulação quando em atividade. No caso do servidor aposentado não se enquadrar em nenhuma das hipóteses constitucionais que possibilitem a acumulação, deve ter o direito de optar entre a percepção dos proventos ou dos vencimentos. Precedentes do STF e do pleno do TRF da 4ª Região. Apelação improvida.[37]

No mesmo sentido veio a EC nº 20, em seu artigo 11, alterar o artigo 37, § 10, da CF. Essa emenda estabelece que a vedação prevista pelo artigo 37, § 10, da CF não se aplica aos membros de poder e aos inativos, servidores e militares, que até a sua publicação tenham ingressado novamente no serviço público por concurso público de provas ou de provas e títulos; no entanto, veda a acumulação de aposentadorias. Trata-se de mais uma exceção à proibição de acumulação, sendo, porém, transitória, pois, com a morte desses servidores, tal situação não mais existirá.

Uma última questão a ser indagada é a relativa à aplicação do princípio da não-cumulatividade aos militares. A EC nº18/1998, ao dar nova redação ao artigo 142 da CF/1988, tratou do assunto. Reza, em seu inciso II, que "o militar em atividade que tomar posse em cargo ou emprego público civil permanente será transferido

---

36 STJ – 5ª T. – RMS nº 10482 – Rel. Ministro José Arnaldo da Fonseca – DJ 20.9.1999, p.74. *Revista Consulex: Leis e Decisões*, Brasília, n.35, p.21.
37 AMS 95.04.43827-0 – SC – 4ª T. – TRF – Rel. Juiz Dirceu de Almeida Soares – Unânime – DJU 3.2.1999, p.610. *Interesse Público*, São Paulo, n.1, p.180, 1999.

para a reserva, nos termos da lei", e, ainda, em seu inciso III, se o cargo, emprego ou função for temporário, não eletivo, mesmo se em entidade da Administração indireta, ficará agregado ao respectivo quadro, sendo transferido para a reserva depois de dois anos de afastamento. Tais normas levam ao entendimento de que o princípio da não-cumulatividade aos militares também se aplica.

Apesar disso, a EC nº 18/1998, ao estender aos militares alguns incisos do artigo 37 da CF, excluiu expressamente aqueles que cuidam da proibição de acumulação remunerada, quais sejam, os incisos XVI e XVII, estendendo-lhes apenas os incisos XI, XIII, XIV e XV, até porque a matéria foi tratada em artigo à parte, como já exposto.

3.11 Criação de entidades paraestatais – artigo 37, inciso XIX, da CF

> "ART. 37 – A Administração Pública direta e indireta de qualquer dos Poderes da União, dos Estados, do Distrito Federal e dos Municípios obedecerá aos princípios da legalidade, impessoalidade, moralidade, publicidade e eficiência e, também, ao seguinte: ....
>
> XIX – somente por lei específica poderá ser criada autarquia e autorizada a instituição de empresa pública, de sociedade de economia mista e de fundação, cabendo à lei complementar, neste último caso, definir as áreas de sua atuação; ...."

Pelo texto anterior, bastava a edição de lei específica para que fossem criadas as entidades paraestatais: empresa pública, sociedade de economia mista, autarquia ou fundação pública.

A EC nº 19/1998 trouxe a necessidade de lei ordinária específica para que se dê a autorização para a instituição de empresa pública, sociedade de economia mista e fundação e, além disso, também, a edição de lei complementar que irá definir as áreas de atuação das fundações.

Aqui há uma divergência quanto à interpretação dada ao inciso em relação ao ente destinatário da lei complementar para a definição das áreas de atuação. Alguns doutrinadores, entre eles Jessé Torres Pereira Junior (1999, p.154) e Alexandre de Moraes (1999, p.55), entendem que a lei complementar deverá ser editada para a definição das áreas de atuação das sociedades de economia mista, das empresas públicas e das fundações. Porém, Maurício Antonio Ribeiro Lopes (1998, p.137), com toda razão, restringe a obrigatoriedade da lei complementar, apenas às fundações: "A Constituição fala em lei específica englobando também a empresa pública, a autarquia e a fundação pública, explicitando que, *quanto a esta última*, exige-se, ainda, lei complementar para definição das áreas de atuação".

Permaneceu para a criação de autarquia a exigência da edição de lei específica, como anteriormente previsto. Apenas com relação a ela, dentre os entes formadores da Administração indireta, consuma-se a existência, a criação na edição da lei. Por sua própria definição legal, basta a ela a lei referida constitucionalmente, dispensando-se qualquer outro ato para a sua formação.

É necessário que se perceba que a importância das empresas públicas e sociedades de economia mista encontra-se na destinação legal a elas inerente. Seus objetivos são definidos por lei, que podem estar ligados ao desempenho de um serviço público ou ao cumprimento de uma atividade econômica. Continuam a ser empresas privadas, com a diferença de que o capital acionário total ou parcial concentra-se nas mãos do Poder Público.

Diógenes Gasparini (1995, p.188) faz a diferenciação entre as fundações públicas e as privadas:

> As fundações de direito público são criadas pelo Estado através de lei. A lei lhes dá existência e personalidade jurídica. Depois de criadas, são instituídas e entram em funcionamento mediante a adoção de medidas administrativas ... As fundações de direito pri-

vado não observam, nem devem, a mesma simetria. Com efeito, sua criação obedece às disposições do Código Civil (arts. 24 a 30) se o Estado estiver fundado em uma lei que lhe dê prerrogativas. De posse da lei autorizadora, são praticados os atos instituidores da entidade: escritura e registro no órgão competente. Só assim a fundação adquire a existência e a personalidade jurídica...

Maria Sylvia Zanella Di Pietro (1998, p.332) entende que a EC nº 19/1998 veio corrigir a falha existente no inciso XIX, do artigo 37, da CF, pois entidades de direito privado, como as empresas públicas, fundações e sociedades de economia mista, não são criadas por lei específica, como ocorre com as autarquias. Esta só autoriza sua criação, que se dá por atos constitutivos do Poder Executivo e transcrição no Registro Público.

Doutrinadores consideram, mesmo antes das modificações introduzidas pela EC nº 19/1998, que a autorização legislativa se faz imperiosa para a criação das sociedades de economia mista. À luz das disposições do Decreto-Lei nº 200/1967 (artigos 4º e 5º) e da Lei de Sociedades Anônimas (artigo 236 da Lei nº 6.404/1967), já se fazia expressa a necessidade de autorização legislativa para a criação de entidades paraestatais. A EC nº 19/1998 veio reiterar a necessidade de autorização legal para a atuação da administração no domínio econômico, dando nova redação ao artigo 37, inciso XIX, dispondo que somente por lei específica pode ser autorizada a instituição de empresas públicas e sociedades de economia mista (Tácito, 1964; Saraiva, 1948; Valadão, 1957; Wald, 1954; Valverde, 1948).

Para Hely Lopes Meirelles, as empresas públicas e sociedades de economia mista que não tiverem autorização legal não serão consideradas sociedades de economia mista, mas "empresas privadas em sentido estrito, simples S/A, pois lhe faltaria o principal requisito, qual seja, o da criação por lei...".[38]

---

38 Parecer emitido em 22.12.1980 a pedido da Telecomunicações de São Paulo – Telesp.

Sobre isso, posiciona-se o STF: "As Empresas Subsidiárias (de sociedade de economia mista) não constituem sociedades de economia mista, caso ausente a necessária autorização legislativa".[39]

3.12 Participação do usuário na administração pública – artigo 37, § 3º, da CF

"ART. 37 – ....
§ 3º – A lei disciplinará as formas de participação do usuário na Administração Pública direta e indireta, regulando especialmente:
I – as reclamações relativas à prestação dos serviços públicos em geral, asseguradas a manutenção de serviços de atendimento ao usuário e a avaliação periódica, externa e interna, da qualidade dos serviços;
II – o acesso dos usuários a registros administrativos e a informações sobre atos de governo, observado o disposto no art. 5º, X e XXXIII;
III – a disciplina da representação contra o exercício negligente ou abusivo de cargo, emprego ou função na Administração Pública; ...."

O § 3º do artigo 37 da CF foi ampliado pela EC nº 19/1998. O texto anterior só mencionava as "reclamações" relativas à prestação de serviços públicos; agora, atribui ao usuário o acesso ao controle do serviço público feito por meio, além das reclamações, de registros e informações, ou, ainda, pelo exercício do direito de representação contra negligência ou abusos.

---

39 RE nº 76.374 – GB, Rel. Ministro Oswaldo Trigueiro – *RTJ*, Brasília, n.67, p.616-26, fev. 1974.

Apesar de a menção constitucional dar-se somente nesses casos, permitir-se-á, no entanto, a ingerência do administrado no serviço público, para o seu controle, em outros a serem estipulados por leis regulamentadoras. É, portanto, o dispositivo meramente exemplificativo. A conclusão advém do advérbio "especialmente", disposto ao final do § 3º, que leva ao entendimento de que é possível a participação por outros meios, desde que da mesma natureza.

A redação original não continha expressamente o termo "usuário" em seu conteúdo. Apesar disso, pela leitura do texto, implicitamente ele está presente, pois quem, senão o usuário, para reclamar de um serviço público?

Segundo o previsto pela emenda, o usuário participará fiscalizando, ou seja, controlando a qualidade dos serviços prestados pela Administração direta e indireta. No que tange às permissionárias e concessionárias, a Lei nº 8.987, de 13.2.1995, em seu artigo 7º, disciplinou a matéria. Estipula o artigo em comento que o usuários têm direito de

> receber do poder concedente e da concessionária informações para a defesa de interesses individuais e coletivos, levar ao conhecimento do Poder Público e da concessionária as irregularidades de que tenham conhecimento, referentes ao serviço prestado, e comunicar às autoridades competentes os atos ilícitos praticados pela concessionária na prestação do serviço.

A matéria em questão remete ao inciso IV do parágrafo único do artigo 175 da CF, o qual preza por um serviço adequado. Cabe ao usuário a sua contribuição, por meios fornecidos pelo § 3º do artigo 37 da CF. Por sua vez, cabe também ao Poder Público a obrigação de manter, nos órgãos ou entidades da Administração Pública direta e indireta, prestadores de serviço público, setores aptos para o pronto atendimento ao usuário que quiser participar fiscalizando o serviço prestado por tais entidades públicas. Além disso, também deve ser assegurada a avaliação periódica, externa e interna, da qualidade dos serviços.

O usuário poderá obter todos os registros e informações que quiser. Quando a Constituição entendeu por bem limitar esse acesso, fê-lo expressamente, estabelecendo como exceção os incisos X e XXXIII, do artigo 5º, da CF.[40] Quando isso ocorrer, o ato administrativo que inviabilizar a participação do usuário deverá ser convincente, claro, com a devida exposição de motivos, para que não reste nenhuma dúvida quanto à idoneidade da recusa. Não se enquadrando nesses casos, o acesso a informações e registros é livre, devendo os órgãos públicos competentes para tal respeitarem esse direito, respondendo a reclamações e representações, de maneira positiva ou negativa, sob pena de responsabilidade.

Não se pode alegar sigilo de registro ou informação se estes não afetarem a "segurança da sociedade e do Estado" e nem "a intimidade, a vida privada, a honra e a imagem das pessoas", nos moldes dos incisos X e XXXIII do artigo 5º da CF. Caso isso ocorra, caberá ao usuário demandar judicialmente para que se repare o abuso cometido pela autoridade competente que impediu a manifestação do seu direito.

Cabe à lei ordinária, como anteriormente previsto, a regulamentação da matéria suscitada. Cento e vinte dias após a promulgação da EC nº 19/1998, o Congresso Nacional deveria ter elaborado uma lei de defesa do usuário de serviços públicos, o que até agora não aconteceu. Apesar disso, o usuário continua participando na fiscalização da Administração Pública direta e indireta, sem que a falta de lei ordinária interfira em sua atuação, pois essa lei só virá para regulamentar a matéria.

---

40 "Art. 5º – ....
X – são invioláveis a intimidade, a vida privada, a honra e a imagem das pessoas, assegurado o direito a indenização pelo dano material ou moral decorrente de sua violação...
XXXIII – todos têm direito a receber dos órgãos públicos informações de seu interesse particular, ou de interesse coletivo ou geral, que serão prestadas no prazo da lei, sob pena de responsabilidade, ressalvadas aquelas cujo sigilo seja imprescindível à segurança da sociedade e do Estado..."

3.13 Restrições de acesso a informações privilegiadas aos ocupantes de cargo ou emprego da Administração direta e indireta – artigo 37, § 7º, da CF

"ART. 37 – ....

§ 7º – a lei disporá sobre os requisitos e as restrições ao ocupante de cargo ou emprego da Administração direta e indireta que possibilite o acesso a informações privilegiadas."

É inovação trazida pela reforma administrativa que compreende a edição de uma lei ordinária que regulamente sobre os requisitos e as restrições aos ocupantes de cargo ou emprego da Administração direta e indireta, para o acesso a informações privilegiadas.

Nos dias atuais, com a possibilidade de acesso a tantos dados, principalmente pela informática, é mister que se elabore uma norma que regulamente esse acesso, proibindo o tráfico de influência dos agentes públicos, seja no exercício de cargo, emprego ou função. Há matérias privilegiadas que devem estar amparadas legalmente, tais como as que comprometam a segurança da sociedade e do Estado. No entanto, apesar da inclusão de tal dispositivo, pelo § 7º, este não é auto-aplicável, dependendo de norma regulamentadora a ser editada pelo legislador infraconstitucional; só a partir de então terá sua eficácia garantida.

Questão pertinente a ser levantada é a relativa ao destinatário do novo preceito. O parágrafo só menciona restrições de acesso às informações privilegiadas daqueles que estiverem no exercício de cargo, emprego ou função. Portanto, a restrição à informação é do funcionário e não de terceiro. Se o vazamento de informação for feito por indivíduo que já tenha deixado tal exercício, não será alcançado pelo dispositivo em comento. Para Jessé Torres Pereira Junior (1999, p.170): "A responsabilização dos ex-agentes que veiculem indevidamente tais informações haveria de dar-se sobretudo na esfera civil, no caso da veiculação ser a causa eficiente de danos ao erário...".

A lei ordinária regulamentadora deverá ser clara quanto à matéria a ser protegida, pois os óbices serão impostos às questões privilegiadas, das quais se espera manter uma certa reserva. Não devem pertencer a este rol aquelas questões acessíveis a qualquer indivíduo, de modo a conservar a publicidade a elas inerente.

3.14 Contrato de gestão – artigo 37, § 8º, da CF

> "ART. 37 – ....
>
> § 8º – A autonomia gerencial, orçamentária e financeira dos órgãos e entidades da Administração direta e indireta poderá ser ampliada mediante contrato, a ser firmado entre seus administradores e o Poder Público, que tenha por objeto a fixação de metas de desempenho para o órgão ou entidade, cabendo à lei dispor sobre:
> I – o prazo de duração do contrato;
> II – os controles e critérios de avaliação de desempenho, direitos, obrigações e responsabilidade dos dirigentes;
> III – a remuneração do pessoal. ...."

Inicialmente, é preciso que se verifique o significado desse contrato, mesmo porque trata-se de novidade apresentada pela reforma.

Diogo de Figueiredo Moreira Neto (1996) assim o define:

> são manifestações solidárias de vontade de várias entidades, sendo ao menos uma entidade administrativa pública, que tem por objeto comum constituir uma relação jurídica de cooperação ou de colaboração, visando coordenar a atuação das partes, no exercício de suas respectivas atividades, para a realização de objetivo compartilhado.

Assim, entende-se por contrato de gestão o acordo estabelecido entre o Poder Público e os administradores de uma empresa estatal, no qual ficará combinado que estes deverão seguir um plano de metas a ser fixado, e aquele garantirá a autonomia gerencial, orçamentária e financeira necessária para a consecução dos fins almejados pela empresa estatal; é também denominado acordo-programa.

Esses contratos acarretarão a transformação dos órgãos públicos, atribuindo a eles maior autonomia, e instituídos para as atividades essenciais do Estado.

Os contratos do § 8º têm como finalidade a satisfação do interesse público. São, portanto, contratos administrativos, pois visam garantir a eficiência do serviço público, e não apenas disciplinar relações de trabalho. Subordinam-se aos princípios administrativos, bem como usufruem das prerrogativas de um contrato administrativo.

Toshio Mukai nos apresenta a diferenciação existente entre um contrato de gerenciamento e um contrato de gestão. No caso do primeiro, o trabalho é executado por uma empresa privada selecionada por meio de um procedimento licitatório, o que não acontece com o contrato de gestão. Nesse caso, há um contrato, feito diretamente, entre a entidade pública e o Poder Público, sem que tenha havido licitação não para o gerenciamento de algo específico, mas para a gestão de um órgão público de forma ampla e geral. O mesmo autor aponta o artigo 24, inciso VIII, da Lei nº 8.666/93 como o embasamento para a contratação, pelo Poder Público, de órgãos e entidades da Administração direta e indireta, por meio de contratos de gestão, sem licitação (Mukai, 1999).[41] Nesse caso, só cabível para os contratos preexistentes à data da vigência da Lei nº 8.666/93.

Como parágrafo do artigo 37 da CF, deverá estar em consonância com todos os princípios expressos no *caput* deste, em

---

41 "Art. 24 – É dispensável a licitação:
VIII – para aquisição, por pessoa jurídica de direito público interno, de bens produzidos ou serviços prestados por órgão ou entidade que integre a Administração Pública e que tenha sido criado para esse fim específico em data anterior à vigência desta Lei, desde que o preço contratado seja compatível com o praticado no mercado..."

especial com o princípio da legalidade, pois tais princípios regem a administração, condicionando a interpretação de qualquer outro elemento contido no artigo em questão. Assim, para que se possa contratar por meio do contrato de gestão, faz-se necessária a edição de lei genérica que disciplinará este novo modo contratual com os parâmetros necessários.

É conveniente citar aqui outra alteração introduzida pela EC nº 19/1998 e que faz referência a esta matéria. Trata-se do artigo 241 da CF que prevê: "a União, os Estados, o Distrito Federal e os Municípios disciplinarão por meio de lei os consórcios públicos e os convênios de cooperação entre os entes federados, autorizando a gestão associada de serviços públicos, bem como a transferência total ou parcial de encargos, serviços, pessoal e bens essenciais à continuidade dos serviços transferidos".

A Lei nº 9.637/1998 já previa o contrato de gestão como instrumento de parceria.

A referida lei estabelece critérios diferentes, a começar pelas partes. Aqui são partes, de um lado, uma pessoa jurídica de direito privado (organização social), e, de outro, o ente público interessado na parceria. Ao contrário, no contrato de gestão definido pela EC nº 19/1998, a relação dá-se entre os administradores de entidades de direito público direta e indireta e o Poder Público.

Outra diferença apontada consiste no fato de que o contrato firmado nos moldes da Lei nº 9.637/1998 objetiva a criação de parcerias em matérias específicas, e não da forma geral como o texto da EC nº 19/1998 sugere. Assim, a parceria deve surgir para executar atividades relativas às áreas de ensino, pesquisa científica, desenvolvimento tecnológico, proteção e preservação ao meio ambiente, cultura e saúde (artigos 1º e 5º da Lei nº 9.637/1998).[42]

---

42 "Art. 1º – O Poder Executivo poderá qualificar como organizações sociais pessoas jurídicas de direito privado, sem fins lucrativos, cujas atividades

4 Mandato eletivo de servidor público da Administração direta, autárquica e fundacional – artigo 4º da EC nº 19/1998 artigo 38 da CF

"Art. 4º – O caput do art. 38 da Constituição Federal passa a vigorar com a seguinte redação:
"Art. 38 – Ao servidor público da Administração direta, autárquica e fundacional, no exercício de mandato eletivo, aplicam-se as seguintes disposições:..................................."

Pelo disposto na Constituição Federal, antes das alterações introduzidas pela EC nº 19/1998, qualquer servidor público, no exercício de mandato eletivo, seja da Administração direta, seja indireta, poderia usufruir das prerrogativas garantidas para o bom desempenho da função parlamentar.

Com a modificação, restringiu-se o âmbito de incidência da norma. Esta, agora, alcança apenas os servidores públicos da Administração direta, autárquica e fundacional, que estiverem no exercício de mandato eletivo, e a estes são concedidas as prerrogativas. Ficam de fora, portanto, os empregados das empresas públicas e sociedades de economia mista.

Assim, quando o cargo eletivo ocupado for federal, estadual ou distrital, ficará o servidor afastado de seu cargo, emprego ou função. Se o mandato for de Prefeito, será afastado do cargo, podendo optar por sua remuneração. Se o caso for de vereança, havendo compatibilidade de horários, poderá cumular seu car-

---

sejam dirigidas ao ensino, à pesquisa científica, ao desenvolvimento tecnológico, à proteção e preservação do meio ambiente, à cultura e à saúde, atendidos os requisitos previstos nesta Lei."
"Art. 5º – Para os efeitos desta Lei, entende-se por contrato de gestão o instrumento firmado entre o Poder Público e a entidade qualificada como organização social, com vistas a formação de parceria entre as partes para fomento e execução de atividades relativas às áreas relacionadas no art. 1º."

go, emprego ou função, com todas suas vantagens, com o cargo eletivo, sem prejuízo da remuneração do mesmo; caso não haja compatibilidade de horários, será afastado do cargo, emprego ou função, podendo optar por sua remuneração.

Além disso, o tempo de afastamento para o exercício de mandato eletivo será contado como tempo de serviço para todos os efeitos legais, com exceção da promoção por merecimento. No caso do benefício previdenciário, os valores serão os mesmos, como se o servidor estivesse em exercício efetivo.

As prerrogativas faziam, e ainda fazem, referência "a cargo, emprego e função". Isso se deve ao fato de que, apesar de elas alcançarem apenas os servidores da Administração direta, autárquica e fundacional, pela atual redação, um ponto importante da Carta Magna também foi alterado, permitindo a mantença daqueles termos: trata-se do disposto no artigo 39 da CF. Na omissão de regime específico, cabe aos entes federativos a adoção do regime jurídico que melhor lhes aprouver, seja ele estatutário, trabalhista ou mesmo híbrido (Lopes, 1998, p.146; Pereira Junior, 1999, p.185).

5 Do servidor público civil – artigo 5º da EC nº 19/1998

"ART. 5º – O art. 39 da Constituição Federal passa a vigorar com a seguinte redação:

5.1 Fim do regime jurídico único e isonomia entre os servidores públicos – artigo 39, *caput*, da CF

Art. 39 – A União, os Estados, o Distrito Federal e os Municípios instituirão conselho de política de administração e remuneração de pessoal, integrado por servidores designados pelos respectivos Poderes. ...."

A igualdade que o legislador constituinte de 1988 quis instaurar pela adoção do regime jurídico único, em que os servidores da Administração direta, autarquias e fundações públicas passaram a ter os mesmos direitos e obrigações perante o ente a que serviam, não vingou. Em princípio, o legislador constituinte preferiu adotar a unicidade de regime jurídico com a finalidade de racionalizar a administração no tocante aos servidores públicos integrados à Administração direta, autárquica e fundacional, porque tornou-se difícil administrar tais entes em razão da diversidade de regimes possíveis adotados, além dos altos custos financeiros daí decorrentes, e dos constantes e infindáveis apadrinhamentos. Esse regime acabou, no entanto, sendo suprimido do texto constitucional pela EC nº 19/1998.

Surpreendentemente, a redação dada pela reforma administrativa ao artigo 39 da CF nada conservou do texto originário; não cuida da mesma matéria, mas da implantação de um conselho de política de administração e remuneração de pessoal. Mas o que seria esse conselho? Quais são suas finalidades?

O conselho é órgão constituído por qualquer um dos entes federativos (União, Estados, Municípios e Distrito Federal) encarregado de estabelecer política de administração e de remuneração de pessoal. São compostos por servidores nomeados pelos devidos poderes, sem previsão para o número de membros, tempo de mandato e nem se haverá necessidade de regulamentação por lei ordinária. Enquanto os conselhos não forem criados, ficará a critério dos entes federativos a política de remuneração e de administração que melhor lhes aprouver, em obediência ao que dispõe a EC nº 19/1998 quanto à competência legislativa específica.

Para Jessé Torres Pereira Junior (1999, p.199), entretanto, apesar de nada estar delineado pelo texto constitucional ora modificado, há dois pontos possíveis de serem tratados sem a necessidade de lei que os oriente desde já:

Trata-se da competência dos conselhos e da natureza de suas decisões. Não soa viável que as leis instituidoras assinem a tais conselhos competência para escolher regime jurídico (estatutário, trabalhista ou híbrido) e o modo de remuneração (subsídio, vencimentos ou salários) dos servidores. Tais escolhas serão do Poder Público ... No que respeita à índole das manifestações dos conselhos, há duas hipóteses: será opinativa ou vinculante. Se, como na dicção do *caput* do artigo, os conselheiros serão "servidores designados", identificam-se tais conselhos como consultivos, e, não, deliberativos....

A retirada da obrigatoriedade em se adotar o regime jurídico único, no entanto, não descartou a possibilidade de os entes federativos optarem por este meio, cabendo ao legislador ordinário a edição de lei que regulamente a questão. O instituto perdeu a condição de matéria constitucional, mas pode existir por lei ordinária. Portanto, poderão os Estados e Municípios escolher o regime jurídico adequado a cada um, seja ele estatutário, celetista ou híbrido, lembrando que, ao escolher o primeiro, estarão optando por disciplinar, por regras próprias, os direitos e deveres de seus servidores, conforme o estatuído pelo § 3º do artigo 39 da CF. Ao contrário, se optarem pelo regime celetista, caberá à União estabelecer as normas a serem seguidas por eles, pois é o ente competente para legislar sobre direito do trabalho (artigo 22, inciso I, da CF).

Em razão disso, foi editada a Lei nº 9.962, de 22 de fevereiro de 2000, que disciplinou o regime de emprego público do pessoal da Administração Federal direta, autárquica e fundacional.

Por essa lei, os servidores públicos admitidos sob o regime de emprego público terão a relação de trabalho regida pela Consolidação das Leis Trabalhistas e legislação correlata, devendo, no entanto, a contratação ser precedida de concurso público de provas ou de provas e títulos.

Com a EC nº 19/1998, suprimiu-se a isonomia expressamente prevista na versão original do § 1º do artigo 39 da CF, pois havia uma certa redundância em manter dois dispositivos no texto constitucional disciplinando o mesmo assunto. No entanto, apesar de não constar mais do texto expresso do § 1º do artigo 39 da CF, a regra da igualdade a ser respeitada entre os servidores públicos continua prevalecendo, porque o princípio da igualdade jurídica rege o sistema vigente e, como tal, alcança os servidores públicos, nos moldes do artigo 5º, inciso I, da CF. Dessa forma, a igualdade de remuneração deve permanecer entre os servidores públicos que exerçam funções de conteúdo igual ou assemelhado, independentemente de denominação. A igualdade nominal não deve ser confundida com a igualdade real, e deve-se atribuir tratamento distinto aos efetivamente desiguais, sem se ater excessivamente a questões de denominação.

O que muda, no entanto, para o servidor com essas inovações?

Acrescenta a possibilidade de uma nova maneira de vincular-se ao Poder Público, porque, se o regime adotado for o celetista, haverá um contrato de trabalho, em que se discutirão direitos, deveres, enfim, as cláusulas contratuais; esse contrato só será rescindido, unilateralmente, pela Administração Pública quando houver prática de falta grave (artigo 482 da CLT),[43] acumulação ilegal de cargos, empregos ou funções públicas, necessidade de redução de quadro de pessoal ou no caso de insu-

---

[43] "Art. 482 – Constituem justa causa para rescisão do contrato de trabalho pelo empregador: a) ato de improbidade; b) incontinência de conduta ou mau procedimento; c) negociação habitual por conta própria ou alheia sem permissão do empregador e quando constituir ato de concorrência à empresa para a qual trabalha o empregado ou for prejudicial ao serviço; d) condenação criminal do empregado, passada em julgado, caso não tenha havido suspensão da execução da pena; e) desídia no desempenho das respectivas funções; f) embriaguez habitual ou em serviço; g) violação de segredo da empresa; h) ato de indisciplina ou de insubordinação; i) abandono de emprego; j) ato lesivo da honra ou da boa fama praticado no serviço contra qualquer pessoa, ou ofensas físicas, nas mesmas condições, salvo em caso de legítima

ficiência de desempenho, conforme o artigo 3º da Lei nº 9.962/2000.[44] Do contrário, quando o vínculo for estatutário, haverá ausência de qualquer manifestação de vontade, uma vez que, nesse regime, as cláusulas são alteradas unilateralmente, de acordo com o interesse da coletividade, dispondo o Poder Público livremente sobre os direitos e deveres dos servidores públicos, respeitados, no entanto, os direitos adquiridos.

Carmen Lúcia Antunes Rocha (1999, p.129) não admite a adoção exclusiva do regime contratual trabalhista:

> Sendo as atividades administrativas desenvolvidas sob regime jurídico próprio, de direito público, dotado de configuração própria e vocacionada ao atingimento de um objetivo social peculiar e indisponível, não se poderia aceitar pudessem elas ser prestadas

---

defesa, própria ou de outrem; k) ato lesivo da honra ou da boa fama ou ofensas físicas praticadas contra o empregador e superiores hierárquicos, salvo em caso de legítima defesa própria ou de outrem; l) prática constante de jogos de azar.
Parágrafo único – Constitui igualmente justa causa para dispensa de empregado a prática, devidamente comprovada em inquérito administrativo, de atos atentatórios contra a segurança nacional."

44 "Art. 3º – O contrato de trabalho por prazo indeterminado somente será rescindido por ato unilateral da Administração pública nas seguintes hipóteses:
I – prática de falta grave, dentre as enumeradas no art. 482 da Consolidação das Leis Trabalhistas – CLT;
II – acumulação ilegal de cargos, empregos ou funções públicas;
III – necessidade de redução de quadro de pessoal, por excesso de despesa, nos termos da lei complementar a que se refere o art. 169 da Constituição Federal;
IV – insuficiência de desempenho, apurada em procedimento no qual se assegurem pelo menos um recurso hierárquico dotado de feito suspensivo, que será apreciado em trinta dias, e o prévio conhecimento dos padrões mínimos exigidos para continuidade da relação de emprego, obrigatoriamente estabelecidos de acordo com as peculiaridades das atividades exercidas.
Parágrafo único – Excluem-se da obrigatoriedade dos procedimentos previstos no *caput* as contratações de pessoal decorrentes da autonomia de gestão de que trata o § 8º do art. 37 da Constituição Federal."

por agentes submissos senão a regime jurídico informado por idênticos princípios e de igual natureza. Não haveria de ser sob um regime dirigido ao desempenho de atividades próprias aos interesses particulares, disponíveis, renunciáveis, possíveis de descontinuidade apenas segundo a vontade e o interesse das partes que poderiam aqueles serviços ser desempenhados.

Ademais, a mesma autora tem como segundo fundamento para a não-adoção exclusiva do regime celetista o fato de que o direito do trabalho é de competência privativa da União, o que impediria que outros entes instituíssem o regime celetista como o adotado por seus servidores, conforme o artigo 39 da CF, em sua formação original.

Dessa forma:

> a instituição a que se refere o art. 39 da Constituição da República é, iniludivelmente, de regime jurídico diverso daquele que se adota como legislação trabalhista, a dizer, do direito do trabalho. Somente o regime jurídico administrativo, estatutariamente positivado pode, portanto, ser objeto de instituição de cada qual das entidades federadas avocadas no art. 39, na versão originária do texto constitucional brasileiro de 1988. (ibidem, p.131)

Entende a autora citada, ainda, que não só não deve ser adotado o regime celetista, como também continua sendo obrigatória a adoção do regime jurídico único, mesmo com a exclusão feita pela reforma administrativa, pois há serviços e funções que são incompatíveis com o regime trabalhista (p.133).

Haveria direito adquirido ao regime jurídico único, anteriormente previsto, pelo servidor que ingressara no Poder Público sob tais condições? Muito há que se discutir sobre essa matéria, mas o que se tem visto é uma jurisprudência que afirma não ter o servidor público tal direito (Lopes, 1998, p.146). Não obstante, as situações funcionais já constituídas ficarão sob o manto do direito adquirido. É o que sucederia, por exemplo, com o direito aos adicionais, sexta parte, licença-prêmio etc., já adquiridos pelo servidor, se estes viessem a ser suprimidos por eventual alteração do regime jurídico em vigor.

Aírton Rocha Nóbrega (1999) afirma que

> subsistirão, no entanto, com a edição da Emenda Constitucional nº 19, as relações institucionais disciplinadas pela Lei nº 8.112/1990, já que a aludida Emenda, atenta a essas características da relação Estado-servidor, não a ab-roga e não cria impedimentos à subsistência de um regime estatutário, típico do Serviço Público, no âmbito da Administração direta, autarquias e fundações públicas.

5.2 Fixação dos padrões de vencimento – artigo 39, § 1º, da CF

> "ART. 39 – ....
>
> § 1º – A fixação dos padrões de vencimento e dos demais componentes do sistema remuneratório observará:
>
> I – a natureza, o grau de responsabilidade e a complexidade dos cargos componentes de cada carreira;
> II – os requisitos para investidura;
> III – as peculiaridades dos cargos."

Nesse § 1º do artigo 39, foram criados critérios que devem ser observados para fixar os padrões de vencimento e demais componentes do sistema remuneratório. Esses critérios são os estabelecidos nos incisos I, II, e III do dispositivo em comento e deverão ser analisados conjuntamente para efeito de fixação de um padrão de vencimento. Dessa forma, verificar-se-ão a natureza do cargo, o grau de responsabilidade, a complexidade dos cargos componentes de cada carreira (inciso I), os requisitos para a investidura (inciso II) e as peculiaridades dos cargos (inciso III).

Devem obedecer a eles tanto o Conselho de Política de Administração e Remuneração de Pessoal como os Poderes Executivo e Legislativo: o Executivo, por sua competência para propor projetos de lei relativos à remuneração de servidores; o Legislativo, pela incumbência de apreciar tal projeto de lei.

As mudanças promovidas pela EC nº 19/1998 no artigo 39, § 1º, da CF vieram para cessar as disparidades que ocorriam durante a vigência da redação anterior. Estabelecia a CF: "Art. 39 – § 1º – A lei assegurará, aos servidores da Administração direta, isonomia de vencimentos para cargos de atribuições iguais ou assemelhados do mesmo Poder ou entre servidores dos Poderes Executivo, Legislativo e Judiciário, ressalvadas as vantagens de caráter individual e as relativas à natureza ou ao local de trabalho". Dessa forma, propiciava interpretações diversas, o que levou muitos servidores a demandarem, de maneira equivocada, judicialmente, pois entendiam que lhes era pertinente o direito à incorporação de diferenças entre a remuneração de cargos em comissão e o valor de vencimentos atribuídos a cargos supostamente paradigmas (Pereira Junior, 1999, p.203), ocasionando um considerável aumento das despesas da Administração Pública com pessoal. Quis o legislador constituinte com a alteração do § 1º do artigo 39 da CF afastar a possibilidade de generalização da isonomia.

Ao atribuir critérios para a fixação de padrões de vencimento de cada cargo, a EC nº 19/1998 individualiza e, com isso, desiguala servidores antes tidos como iguais.

A nova redação dada ao § 1º do artigo 39 da CF só reforçou a isonomia que deve existir entre os iguais, independentemente de denominação, afastando, assim, prováveis enganos em se atribuir o mesmo vencimento a servidores com eventuais semelhanças. Agora, para que haja isonomia, os cargos deverão preencher características peculiares, essenciais, e não apenas eventuais semelhanças.

Além disso, o novo texto teve por objetivo espancar mais uma vez o efeito cascata (artigo 37, inciso XIV, da CF), as equiparações (artigo 37, inciso XIII, da CF) e apresentar a radical alteração do § 1º do artigo 39, a fim de evitar que o princípio da isonomia seja sempre clamado para que os desiguais sejam tratados igualmente entre si. Com essa alteração, seguindo os devidos critérios apontados, é possível que se individualizem os cargos, que terão suas características próprias, sua remuneração própria, impossibilitando a incorreta utilização da isonomia.

5.3 Das escolas de governo – artigo 39, § 2º, da CF

"ART. 39 – ....

§ 2º – A União, os Estados e o Distrito Federal manterão escolas de governo para a formação e o aperfeiçoamento dos servidores públicos, constituindo-se a participação nos cursos um dos requisitos para a promoção na carreira, facultada, para isso, a celebração de convênios ou contratos entre os entes federados."

Esse parágrafo inova a ordem jurídica constitucional; nunca, houve em qualquer outra Constituição, menção a respeito do tema.

Estabelece, como condição para o bom desenvolvimento do serviço público, a qualificação dos servidores da Administração direta, autárquica e fundacional, que se dará em escolas de governo, as quais deverão ser mantidas pela União, Estados e pelo Distrito Federal. Os Municípios não têm obrigatoriedade e estabelecerão convênios para utilizar as escolas dos Estados ou criarão as suas. O Município tem competência para assuntos de interesse local, logo nada impede de instituí-la ou, na impossibilidade, de utilizar, via convênio, as escolas dos estados-membros.

Essa participação dos servidores nesses cursos de aperfeiçoamento, se houver o devido aproveitamento, ou seja, a freqüência necessária, mais do que uma maior qualidade ao serviço público, é requisito para a promoção na carreira. Assim, o servidor que não participar dos cursos oferecidos, definidos como indispensáveis, não alcançará a promoção.

Esses cursos de aperfeiçoamento ou de formação, como já dito, nunca foram comuns aos servidores públicos em geral, mas são conhecidos de algumas carreiras, como no caso das militares e das carreiras da magistratura (artigo 93, inciso IV, da CF/1988).

Trata-se de mais uma norma inserida no contexto constitucional para fazer valer o princípio da eficiência, pois as escolas de governo têm por finalidade a formação de servidores mais competentes, prontos para decidir, conscientes de suas funções, e cuja conseqüência será o exercício de um serviço muito mais eficiente, econômico e rápido.

À vista disso, não se pode atribuir à criação desses cursos desperdício algum, muito ao contrário, trata-se de um investimento em nome do aperfeiçoamento dos servidores públicos e, conseqüentemente, melhoria nos serviços por eles prestados. Além disso, na falta de recursos por parte de qualquer um dos entes federativos, poder-se-á fazer uso de convênios e contratos a serem celebrados entre eles, para que, reunindo os recursos, possam dar concretude às escolas de governo.

O § 2º do artigo 39 é uma medida de natureza administrativa e, como tal, independe de lei, seja federal, estadual ou distrital, para a sua regulamentação, bastando um simples ato administrativo normativo para que se torne apta a produzir efeitos.

5.4 Extensão dos direitos sociais aos servidores públicos – artigo 39, § 3º, da CF

ART. 39 – ....

§ 3º – Aplica-se aos servidores ocupantes de cargo público o disposto no art. 7º, IV, VII, VIII, IX, XII, XIII, XV, XVI, XVII,

XVIII, XIX, XX, XXII e XXX, podendo a lei estabelecer requisitos diferenciados de admissão quando a natureza do cargo o exigir."

O § 3º, do artigo 39, antes da reforma, estava previsto no § 2º. Prevê os direitos sociais a que o servidor público tem direito, quais sejam, os contidos nos incisos IV, VII, VIII, IX, XII, XIII, XV, XVI, XVII, XVIII, XIX, XX, XXII e XXX, do artigo 7º da CF. Trata-se, respectivamente, dos direitos:

- ao salário mínimo, fixado em lei, nacionalmente unificado, capaz de atender às necessidades vitais básicas do servidor e às de sua família, como moradia, alimentação, educação, saúde, lazer, vestuário, higiene, transporte e previdência social, com reajustes periódicos que lhe preservem o poder aquisitivo, sendo vedada a sua vinculação para qualquer fim;
- à garantia de salário, nunca inferior ao mínimo, para os que percebem remuneração variável;
- ao décimo terceiro salário com base na remuneração integral ou no valor da aposentadoria;
- à remuneração do trabalho noturno superior à do diurno;
- ao salário-família pago em razão do dependente do trabalhador de baixa renda nos termos da lei;
- ao salário-família para os seus dependentes;
- à duração do trabalho normal não superior a oito horas diárias e quarenta e quatro semanais, facultada a compensação de horários e a redução de jornada, mediante acordo ou convenção coletiva de trabalho;
- ao repouso semanal remunerado, preferencialmente aos domingos;
- à remuneração do serviço extraordinário superior, no mínimo, em 50% à do normal;
- ao gozo de férias anuais remuneradas com, pelo menos, um terço a mais do que o salário normal;

- à licença à gestante, sem prejuízo do emprego e do salário, com duração de 120 dias;
- à licença-paternidade, nos termos fixados em lei;
- à proteção do mercado de trabalho da mulher, mediante incentivos específicos, nos termos da lei;
- à redução dos riscos inerentes ao trabalho, por meio de normas de saúde, higiene e segurança;
- à proibição de diferença de salários, de exercício de funções e de critério de admissão por motivo de sexo, idade, cor ou estado civil.

Adotaram-se, além daqueles direitos mencionados pelo § 3º e previstos no artigo 7º da CF, o direito à liberdade sindical, constante do artigo 37, inciso VI, da CF, e das consagradas Convenções 87, da Organização Internacional do Trabalho, sobre liberdade sindical, e 151, de 1978, sobre Proteção Especial ao Direito de Organização e aos Procedimentos de Determinação das Condições de Emprego na Função Pública (artigo 9º),[45] e o direito de greve, já abordado quando da análise do inciso VII do artigo 37 da CF.

Dois direitos sociais, antes aplicados aos servidores públicos, foram, no entanto, retirados pela EC nº 19/1998; trata-se do disposto no inciso VI do artigo 7º da CF, e do inciso XXIII, também do artigo 7º da CF, a saber: 1. irredutibilidade do salário, salvo o disposto em convenção ou acordo coletivo; 2. e adicional de remuneração para as atividades penosas, insalubres ou perigosas, na forma da lei.

Quanto à garantia da irredutibilidade, na verdade, não houve supressão alguma, pois tal garantia continua aplicável

---

45 "Art 9º – Os servidores públicos, da mesma forma que os demais trabalhadores, terão os direitos civis e políticos essenciais ao exercício normal da liberdade sindical, sujeitos apenas às obrigações decorrentes de seu regime jurídico e da natureza de suas funções."

aos servidores públicos, conforme o disposto no artigo 37, inciso XV, da CF.[46]

No que tange à eliminação do inciso XXIII do artigo 7º, como direito social do servidor público, não há nenhuma outra menção na Constituição que possa tê-lo mantido como direito do servidor. Apesar disso, muito se tem discutido a respeito do tema. A jurisprudência do STF vem afirmando que esse direito não pode ser retirado da esfera de direitos sociais cabíveis aos servidores, pois trata-se de cláusulas pétreas, formadoras do núcleo intangível da Constituição Federal.[47]

Como outros autores, da mesma forma, Ivo Dantas (1994, p.302 e 308) afirma: "os direitos do trabalhador são direitos individuais, e só encontrarão as barreiras do direito adquirido, do ato jurídico perfeito e da coisa julgada". E acrescenta: "alguns direitos dos servidores públicos que, embora topograficamente fora do art. 5º, são, materialmente, direitos individuais".

Do prisma do direito adquirido pelos servidores públicos quanto aos direitos sociais suprimidos, temos duas situações distintas: pela primeira, há os direitos sociais pertencentes aos servidores que já os têm em seu patrimônio jurídico e, uma vez adquiridos, não se admite nenhuma ingerência do poder constituinte derivado no sentido de restringi-los; pela segunda situação, para os servidores que entraram no serviço público após a EC nº 19/1998, haverá a aplicação da atual normatização, não lhes cabendo, portanto, os direitos sociais então abolidos.

Por último, além da supressão dos dois direitos sociais referidos, a alteração do § 3º do artigo 39, antigo § 2º, possibilitou a utilização de discriminantes, quando a natureza do cargo assim exigir.

---

46 "Art. 37 – ....:
   XV – o subsídio e os vencimentos dos ocupantes de cargos e empregos públicos são irredutíveis, ressalvado o disposto nos incisos XI e XIV deste artigo e nos arts. 39, § 4º, 150, II, 153, III, e 153, § 2º, I."
47 Ementário STF nº 1730-10 – ADIN nº 939-07/DF.

Tal diretriz não fere o princípio da igualdade, pois o que é vedado são as diferenciações arbitrárias, abusivas. Assim, a discriminante será abusiva, contrária ao princípio da igualdade, quando o diferenciador for irrelevante para o interesse público. Deve haver certa pertinência entre o elemento discriminador e a finalidade da norma. A justificativa para o estabelecimento de um critério diferenciador deve ser razoável e proporcional ao fim visado; caso não ocorra essa proporcionalidade, haverá flagrante inconstitucionalidade. Portanto, o critério discriminador se reveste de caráter relativo, pois é possível que ele seja utilizado, se de forma adequada, respeitando-se os critérios.

É esta a orientação do STF, mesmo antes da EC nº 19/1998:

> A norma constitucional que proíbe tratamento normativo discriminatório, em razão da idade, para efeito de ingresso no serviço público (CF, art. 7º, XXX, c/c art. 39, § 2º), não se reveste de caráter absoluto, sendo legítima, em conseqüência, a estipulação de exigência de ordem etária quando esta decorrer da natureza e do conteúdo ocupacional do cargo público a ser provido.[48]

5.5 Definição da figura do subsídio – artigo 39, § 4º, da CF

"ART. 39 – ....

§ 4º – O membro de Poder, o detentor de mandato eletivo, os Ministros de Estado e os Secretários Estaduais e Municipais serão remunerados exclusivamente por subsídio fixado em parcela única, vedado o acréscimo de qualquer gratificação, adicional, abono, prêmio, verba de representação ou outra espécie remuneratória, obedecido, em qualquer caso, o disposto no art. 37, X e XI."

---

48 RDA, n.195, p.65, jan./mar. 1994; RDA, Rio de Janeiro, n.199, p.153, jan./mar. 1995.

Tal matéria foi estudada juntamente com os artigos 27, § 2º, 28, § 2º, 29, incisos V e VI, e 37, incisos X, XI, XV, e § 9º da CF. Remetemos o leitor à leitura dos dispositivos ora mencionados, que se encontram, respectivamente, no Capítulo 3, item 2, e Capítulo 3, item 3 e subitens 3.5, 3.6 e 3.9.

5.6 Relação entre a maior e a menor remuneração dos servidores públicos – artigo 39, § 5º, da CF

"ART. 39 – ....

§ 5º – Lei da União, dos Estados, do Distrito Federal e dos Municípios poderá estabelecer a relação entre a maior e a menor remuneração dos servidores públicos, obedecido, em qualquer caso, o disposto no art. 37, XI."

Essa regra estava prevista no artigo 37, inciso XI, da Constituição Federal de 1988. Com o advento da reforma administrativa, houve o deslocamento da norma deste artigo para o artigo 39, § 5º.

Trata tal preceito da possibilidade de se estabelecer uma relação entre a maior e a menor remuneração dos servidores, respeitando-se sempre o teto firmado pelo artigo 37, inciso XI, da CF. É um limite possível de ser fixado pelos entes federativos, por meio de lei, em que haveria a relação máxima entre os extremos de remuneração, para evitar o agravamento da questão social brasileira da desigualdade e, conseqüentemente, mais injustiça.

Note-se que as demandas judiciais em torno do teto remuneratório sempre se fizeram freqüentes. Ao contrário, acerca da relação entre a maior e a menor remuneração não se têm notícias de qualquer discussão a respeito da matéria.

A Lei nº 8.112/1990 dispõe que, para os cargos de carreira, "a menor remuneração ... não será inferior a 1/40 (um quarenta avos) do teto de remuneração...". O teto a que se refere a lei é o do artigo 37, inciso XI, da CF, existindo, nesse caso, uma vinculação.

No entanto, poderia ser estabelecida e adotada outra relação entre a menor e a maior remuneração em âmbito regional. Porém, na sua inexistência, aplica-se o teto constitucional, ressalvando que este último deve, sempre, ser observado como limite superior.

5.7 Publicação anual dos valores do subsídio e da remuneração dos cargos e empregos públicos – artigo 39, § 6º, da CF

> "ART. 39 – ....
>
> § 6º – Os Poderes Executivo, Legislativo e Judiciário publicarão anualmente os valores do subsídio e da remuneração dos cargos e empregos públicos."

Os cidadãos, como titulares que são do Poder Público, têm o direito político de saber quanto pagam aos servidores públicos, valores estes publicados em moeda corrente. É o que estabelece a regra contida no § 6º, inovação da EC nº 19/1998, pois não há menção alguma da matéria em Constituições anteriores.

É uma ordem que foi criada para ser observada, obrigatoriamente, por todos os entes federativos, em coerência ao princípio da publicidade estampado no *caput* do artigo 37 da CF. Também as funções de confiança devem ter os valores de sua remuneração publicados.

Em caso de descumprimento, não há previsão no parágrafo em questão para a solução desse problema, mas pode, em análise feita pelo Tribunal de Contas, ser tratada como uma infração ao artigo 16, inciso III, alínea b, da Lei nº 8.443/1992 (Lei Orgânica do Tribunal de Contas da União) e levar ao julgamento de contas irregulares, acarretando a pena de multa prevista no artigo 19, parágrafo único da referida lei. Da mesma forma, dispõe a Lei Orgânica do Tribunal de Contas do Estado de São Paulo (Lei Complementar nº 709, de 14 de janeiro de 1993) em seu artigo 2º, inciso XXIX e artigo 101 e seguintes.

Há limites remuneratórios impostos pela reforma administrativa que devem ser fiscalizados. A publicidade dos valores dos subsídios e remunerações do pessoal da Administração Pública é instrumento capaz de possibilitar o controle da obediência aos limites fixados.

O conhecimento dos valores remuneratórios, no entanto, não implica individuar cada valor ao seu respectivo possuidor, ou seja, a relação nominal de servidores e agentes políticos não se faz necessária nos moldes do parágrafo, assegurando o direito à intimidade do servidor, nos termos da Constituição Federal, artigo 5º, inciso X.

5.8 Aplicação dos recursos orçamentários economizados para os fins objetivados pela EC nº 19/1998 – artigo 39, § 7º, da CF

"ART. 39 – ....

§ 7º – Lei da União, dos Estados, do Distrito Federal e dos Municípios disciplinará a aplicação de recursos orçamentários provenientes da economia com despesas correntes em cada órgão, autarquia e fundação, para aplicação no desenvolvimento de programas de qualidade e produtividade, treinamento e desenvolvimento, modernização, reaparelhamento e racionalização do serviço público, inclusive sob a forma de adicional ou prêmio de produtividade."

A reforma administrativa quis com todas suas alterações, entre outras coisas, enxugar a máquina administrativa, mas não apenas no sentido financeiro da questão. A limpeza proposta pela emenda é no sentido de evitar gastos desnecessários e vultosos, e, em seu lugar, aplicar esses recursos em meios capazes de proporcionar a formação de um servidor mais competente, mais interessado, mais eficiente, em respeito ao Princípio da Eficiência (artigo 37, *caput*, da CF).

Esse parágrafo é mais uma das normas propostas pela EC nº 19/1998 que traz em seu bojo o fim almejado pela reforma. Já em seu início, pressupõe que sobrarão recursos provenientes da economia com despesas correntes em cada órgão, autarquia e fundação, exaltando, com isso, um melhor gerenciamento da coisa pública. O valor advindo dessa economia será utilizado para aplicação no desenvolvimento de programas de qualidade e produtividade, treinamento e desenvolvimento, modernização, reaparelhamento e racionalização do serviço público, inclusive sob a forma de adicional ou prêmio de produtividade, visando, dessa forma, a um servidor mais preparado, mais seguro para o exercício de suas funções.

A EC nº 19/1998 estabelece objetivos, ou seja, aplicação dos recursos economizados nos programas que menciona, sendo, portanto, obrigatória essa aplicação para os fins estabelecidos pela reforma.

A economia será com as despesas correntes. Mas o que compreende tais despesas? Segundo o artigo 13 da Lei nº 4.320/1964, trata-se das despesas de custeio (pagamento de pessoal, aquisição de material de consumo, contratação de terceiros, encargos diversos) e transferências correntes (subvenções sociais e econômicas, despesas com inativos e pensionistas, salário-família e abono familiar, juros da dívida pública, contribuições de previdência social).

Para a aplicação desses recursos, é preciso que se edite lei ordinária da União, dos Estados, dos Municípios ou do Distrito Federal.

Na falta da referida lei, o que fazer com as economias provenientes de despesas correntes que porventura forem feitas?

Segundo a clássica doutrina de José Afonso da Silva (1982, p.89-91), o dispositivo em questão enquadra-se como de eficácia limitada, porque necessita de normatização ulterior para que alcance a aplicabilidade. Portanto, sua possibilidade de produzir efeitos é mediata. Assim, a Administração Pública só será obrigada a cumprir o disposto pelo § 7º do artigo 39 a partir da edição da respectiva lei. Em sua falta, a Administração Pública é livre para, conforme sua conveniência, usar suas economias, sem se ater ao previsto pelo artigo em comento.

5.9 Aplicação do § 4º aos servidores públicos organizados em carreira – artigo 39, § 8º, da CF

"ART. 39 – ....

§ 8º – A remuneração dos servidores públicos organizados em carreira poderá ser fixada nos termos do § 4º."

Se os sistemas remuneratórios fixados pela EC nº 19/1998 forem analisados de acordo com o regime jurídico adotado, ter-se-á uma forma de remuneração, que poderá variar entre salário, se o regime for contratual, e vencimentos, se estatutário.

A EC nº 19/1998 pretendeu, no entanto, diferenciar a remuneração devida aos agentes políticos, atribuindo-lhes o subsídio. Da mesma forma, a emenda oferece a oportunidade de escolha ao ente público que, por meio de lei própria, poderá imputar aos seus servidores, como sua remuneração, o subsídio. Nesse caso, só será possível se os cargos estiverem organizados em carreira, ou seja, cargos em que haja a possibilidade de promoção,[49] permitindo que o servidor passe a ocupar classes mais elevadas do próprio cargo.

A diferença em se optar por um ou outro sistema remuneratório (vencimentos ou subsídio) está no fato de que o subsídio será em parcela única (artigo 39, § 4º, da CF), não se admitindo outras vantagens pecuniárias, como ocorre com os vencimen-

---

49 Promoção – elevação ou acesso de servidor público ou empregado à categoria imediatamente superior, obtida por antigüidade ou merecimento (Cretella Júnior, 1999, p.372).

tos. Cabe ao legislador federal, estadual, distrital ou municipal a escolha de acordo com a conveniência de adotar um regime remuneratório ou outro. Em qualquer caso, o teto, previsto no artigo 37, inciso XI, da CF, deverá sempre ser respeitado.

Note-se que os efeitos da aplicação de tal dispositivo só incidem com relação aos servidores que passaram a ocupar cargo público após a EC nº 19/1998. Quanto àqueles que já ocupavam o cargo e eram beneficiados com vantagens pessoais, prevalece o direito adquirido, tendo em vista que tais vantagens pertencem ao patrimônio jurídico de cada servidor nessa situação.

6 A estabilidade do servidor público concursado – artigo 6º da EC nº 19/1998

6.1 Da estabilidade – artigo 41, *caput*, da CF

"ART. 6º – O art. 41 da Constituição Federal passa a vigorar com a seguinte redação:
ART. 41 – São estáveis após três anos de efetivo exercício os servidores nomeados para cargo de provimento efetivo em virtude de concurso público."

As modificações introduzidas no *caput* do artigo 41 foram duas: a primeira trouxe o aumento do prazo para a concessão da estabilidade que passou a ser de três anos de efetivo exercício, contra os dois anos exigidos anteriormente; a segunda acrescentou a necessidade, para se dar a estabilidade, de que o servidor seja nomeado, por meio de concurso público, para cargo de provimento efetivo. Portanto, exclui-se desde já o empregado público, sujeito a regime jurídico diverso do estampado pelo artigo 41, em que pese entendimento jurisprudencial diverso, segundo o qual aplica-se o dispositivo também ao servidor celetista.[50]

Em contraposição ao que vem denominado provimento efetivo, temos o comissionado. Se o servidor vier a ser nomeado a um cargo efetivo, estará incumbido de prover sua função em caráter permanente; já as funções de um servidor designado a preencher um cargo de provimento comissionado são desempenhadas em caráter provisório.

A tendência da Administração Pública é dar ênfase a cargos públicos de provimento efetivo, uma vez que ela é permanente, e a admissão em maior escala em cargos não efetivos ocasionaria uma instabilidade institucional, pois poderia ensejar mudanças aleatórias nos quadros funcionais da administração, cargos ocupados por pessoas incapazes de exercê-los e por amigos do governante. Enfim, a insegurança funcional e política instalar-se-ia na Administração Pública. Por isso a EC nº 19/1998 limitou ainda mais o provimento de cargo comissionado, estabelecendo no artigo 37, inciso II, da CF a necessidade de edição de lei específica para a previsão de tal ressalva.

Daí decorre a conclusão oportuna de que não há como se confundir efetividade com estabilidade. Como se verificou da análise feita com relação ao provimento efetivo, a efetividade advém do cargo, ao passo que a estabilidade se dá no serviço público. Doutrina e jurisprudência sempre se referiram à questão dessa forma, como reiterou o STF:

> Não há que confundir efetividade com estabilidade. Aquela é atributo do cargo, designando o funcionário desde o instante da

---

50 "Servidor Público Estável – Contratação pela CLT – A Constituição, em seu art. 41, confere a estabilidade ao servidor público após dois anos de serviço, sem prerrogativa de regime jurídico de contratação. Assim, a condição de estável é inerente ao estatutário e ao celetista (TRT – 15ª Região – 1ª T. – REO e Ordinário nº 30.840/97 – 1, ac. nº 032105/98; Rel. Juiz Antonio Miguel Pereira; j. 4.8.1998; maioria de votos).

nomeação; a estabilidade é aderência. É integração ao serviço público depois de preenchidas determinadas condições fixadas em lei, que se adquire pelo decurso de tempo.[51]

Para Carmem Lúcia Antunes Rocha (1999, p.250), "a estabilidade é uma propriedade jurídica do elo jurídico que ata a pessoa estatal ao servidor titular de cargo público de provimento efetivo".

O princípio da estabilidade, consubstanciado nesse dispositivo, traz em seu bojo o objetivo de proporcionar aos usuários do serviço público prestação adequada, eficaz e segura, que não ocorreria ante a inexistência de tal garantia aos servidores públicos. Nos dias de hoje, diante do aumento do número de desempregados, para que o exercício de um serviço, no caso público, seja eficaz, uma de suas condições é a tranqüilidade de permanência no serviço público, adquirida pela estabilidade garantida pela Constituição Federal; além disso, é também uma segurança para o cidadão.

Com a estabilidade, o servidor se livra de pressões indevidas de políticos e administradores inescrupulosos e, conseqüentemente, pode realizar suas atividades no interesse público, beneficiando os cidadãos de maneira geral.

Nas palavras do professor Juarez Freitas (1999): "a estabilidade no serviço público (e não no cargo) consubstancia um dos elevados princípios constitutivos da ordem brasileira, vale dizer, opera como uma das diretrizes supremas do nosso ordenamento".

Atualmente, para que se adquira a estabilidade, além do cumprimento de três anos de efetivo exercício, e nomeação do servidor para cargo de provimento efetivo, também é necessário que o servidor advenha de concurso público, visto que sem sua aprovação é inviável a nomeação para provimento de cargo público de provimento efetivo.

---

51 STF – ADIN nº 1.695-2-PR – Rel. Ministro Maurício Correa.

Por fim, exige-se, para que se alcance a estabilidade, a avaliação especial de desempenho, analisada oportunamente neste capítulo, no subitem "Da avaliação especial de desempenho".

O servidor público, até adquirir a estabilidade, permanece em estágio probatório, embora efetivo.

Pode o servidor efetivo e não estável ser exonerado ou dispensado discricionariamente pela Administração?

A matéria tem comportado posições antagônicas na doutrina. Porém, a jurisprudência pátria tem afirmado que, em razão do Princípio Constitucional do Devido Processo Legal, insculpido no artigo 5º, inciso LIV, da CF, e como dispõe a Súmula 21 do STF,[52] não há como dispensá-lo, exonerá-lo sem o devido processo legal que lhe assegure ampla defesa e contraditório. Da mesma forma, e com mais razão, o servidor estável só poderá ser dispensado se lhe for assegurado o devido processo legal, nas condições a serem estudadas no tópico seguinte.[53]

O estágio probatório de três anos, a ser cumprido pelo servidor, tem como escopo proporcionar à Administração Pública um período maior de tempo para que ocorra uma melhor avaliação do serviço avaliado. Além disso, possibilita aos entes federativos a adoção de outros meios permitidos por lei, tais como o valor pago da remuneração dos servidores em estágio probatório menor do que o pago aos servidores estáveis, obrigatoriedade de freqüentar cursos preparatórios, licenciamento do servidor em estágio para o exercício de mandato eletivo em entidade sindical.

Na verdade, o estágio probatório existe para que se analisem as reais condições do servidor, sua aptidão para ocupar o cargo. Não há nenhum outro motivo para manter tal instituto.

---

52 Súmula 21 STF – "Funcionário em estágio probatório não pode ser exonerado nem demitido sem inquérito ou sem as formalidades legais de apuração de sua capacidade."
53 Súmula 20 STF – "É necessário processo administrativo, com ampla defesa, para demissão de funcionário admitido por concurso."

Para o cômputo do prazo do estágio probatório, só é válido o tempo de nomeação efetiva no mesmo cargo, emprego ou função, não se levando em conta o tempo de serviço em outra entidade do Estado, nem exercício de função pública a título provisório. Porém, o servidor em estágio probatório não está impedido de exercer cargos de provimento em comissão ou funções de direção, chefia ou assessoramento no órgão ou entidade em que estiver lotado.

6.2 Perda do cargo por servidor estável – artigo 41, § 1º, da CF

"ART. 41 – ....

§ 1º – O servidor público estável só perderá o cargo:
I – em virtude de sentença judicial transitada em julgado;
II – mediante processo administrativo em que lhe seja assegurada ampla defesa;
III – mediante procedimento de avaliação periódica de desempenho, na forma de lei complementar, assegurada ampla defesa."

A reforma administrativa não acabou com a estabilidade, apenas trouxe novas possibilidades de perda do cargo em situações especiais, além das já constantes do texto anterior, quais sejam, a sentença transitada em julgado e o processo administrativo assegurados o contraditório e a ampla defesa.

Os servidores estáveis, agora, perderão o cargo público nas seguintes situações:

- em razão de sentença judicial transitada em julgado;
- mediante processo administrativo em que lhe seja assegurada ampla defesa;
- mediante procedimento de avaliação periódica de desempenho, na forma de lei complementar, assegurada ampla defesa.

A novidade apresentada pela redação atual do § 1º do artigo 41 ficou por conta do disposto no inciso III, qual seja, a perda do cargo por falta de bom desempenho, mediante avaliação periódica a ser feita durante todo o período de exercício funcional do servidor estável, para que se mantenha a qualidade do serviço prestado.

É norma semelhante a do § 4º do artigo 41 mas que, com ela, não se confunde. O § 4º estabelece, como condição para se adquirir a estabilidade, a obrigatoriedade de avaliação especial de desempenho por comissão criada para esse fim. Portanto, aqui, a avaliação de desempenho é realizada para que se adquira a estabilidade, ao passo que a avaliação a que se refere o inciso III do § 1º do artigo 41 serve como condição de permanência no serviço público, já estando o servidor estabilizado.

A avaliação de desempenho é realizada por meio de procedimentos administrativos. Porém, as condições para a perda do cargo deverão ser objeto de lei complementar, em que se assegure sempre ao servidor a ampla defesa. Todavia, não significa que o servidor público tenha cometido qualquer infração disciplinar, pelo contrário, a perda do cargo nessas condições revela um servidor inapto para o exercício das funções inerentes ao cargo por ele ocupado, podendo nunca ter cometido nenhum tipo de infração que o levasse à penalidade administrativa da demissão.

Já foi dito que a estabilidade é cabível somente quanto à parcela dos servidores públicos, descartando sua aplicabilidade quanto aos empregados públicos, em razão das características próprias e inerentes ao regime trabalhista. Da mesma forma, a avaliação de desempenho não será aplicada ao empregado público, por estar sujeito a regime jurídico diverso do estatutário, o que não quer dizer que não terá seu desempenho avaliado; essa avaliação deverá ser feita nos moldes do regime celetista e não de acordo com o artigo 41, § 1º, da CF.

Como anteriormente mencionado, a avaliação de desempenho exige lei complementar. Todavia, mesmo se não editada, não será obstáculo à aquisição da estabilidade após o cumprimento dos três anos de estágio probatório, porque a avaliação poderá ser feita da maneira como vinha sendo anteriormente à reforma administrativa, na medida em que a legislação, até então vigente, tenha sido recepcionada. Além do mais, o *caput* do artigo 41 é de eficácia imediata.

Deve-se destacar que há plena independência na apuração dos fatos ensejadores da demissão do servidor público estável nas esferas administrativa e penal, o que já está consagrado no direito brasileiro. Haverá, no entanto, repercussão da instância penal na administrativa se aquela tiver decidido pela inexistência material do fato ou se ficar comprovado não ser o réu autor das acusações.

Não são, no entanto, apenas as hipóteses previstas pelo § 1º do artigo 41, as possibilidades de perda do cargo público. O § 4º do artigo 169 da CF apresenta outra situação em que o servidor estável poderá perder o seu cargo:

> Se as medidas adotadas com base no parágrafo anterior não forem suficientes para assegurar o cumprimento da determinação da lei complementar referida neste artigo, o servidor estável poderá perder o cargo, desde que ato normativo motivado de cada um dos Poderes especifique a atividade funcional, o órgão ou unidade administrativa objeto da redução de pessoal.

Cumpre, pois, analisar o parágrafo em questão.

A lei complementar a que o § 4º do artigo 169 da CF se refere é a prevista pelo *caput* do artigo 169 da CF. Estabelece o artigo 169 a proibição de despesas com pessoal ativo e inativo superiores aos limites previstos em lei complementar; trata-se de dispositivo de eficácia limitada. A partir dos limites estabelecidos nesta lei complementar, surge a possibilidade de perder o cargo público para servidor estável.

Essa lei complementar já existe, é a de nº 101, de 4 de maio 2000, qual seja, a Lei de Responsabilidade Fiscal. Em seu artigo 19, traça os limites das despesas com pessoal ativo e inativo da União, dos Estados, Distrito Federal e Municípios:

> Art. 19 – Para os fins do disposto no *caput*, do art. 169, da Constituição, a despesa total com pessoal, em cada período de apuração e em cada ente da Federação, não poderá exceder os percentuais da receita corrente líquida, a seguir discriminados:
> I – União: 50% (cinqüenta por cento);
> II – Estados: 60% (sessenta por cento);
> III – Municípios: 60% (sessenta por cento).

Assim, se a Administração Pública, tendo utilizado os meios disponíveis do § 3º do artigo 169 (redução em pelo menos 20% das despesas com cargos em comissão e funções de confiança e exoneração dos servidores não estáveis), verificar não ter alcançado o limite imposto pelo artigo 19 da Lei de Responsabilidade Fiscal, utilizar-se-á do previsto pelo § 4º do artigo 169, e o estável poderá perder o cargo em mais uma hipótese.

Deve-se ressaltar também que o inciso II do § 3º do artigo 169 cuida dos servidores não estáveis, nos moldes do artigo 33 da EC nº 19/1998, não se referindo, de modo algum, àqueles que ainda não adquiriram a estabilidade por estarem em estágio probatório.[54]

Por fim, faz-se mister esclarecer que, além dos servidores apontados pela lei até então, há, ainda, aqueles considerados como tal pelo artigo 19 do ADCT,[55] e que, por isso, sujeitam-se,

---

54 "Art. 33 – Consideram-se servidores não estáveis, para os fins do art. 169, § 3º, II, da Constituição Federal aqueles admitidos na administração direta, autárquica e fundacional sem concurso público de provas ou de provas e títulos após o dia 5.10.1983."

55 "Art. 19 – Os servidores públicos civis da União, dos Estados, do Distrito Federal e dos Municípios, da administração direta, autárquica e das fundações públicas, em exercício na data da promulgação da Constituição, há pelo menos cinco anos continuados, e que não tenham sido admitidos na forma regulada no art. 37 da Constituição, são considerados estáveis no serviço público."

da mesma forma, à perda do cargo. Estes servidores foram considerados estáveis no serviço público, desde que estivessem em exercício há pelo menos cinco anos na data da promulgação da Constituição. É matéria discutida pelo STF em jurisprudência e embasada no artigo 19 do ADCT para considerar estável o servidor nestas condições:

> o destinatário do art. 19 do ADCT da Carta Magna, no tocante ao requisito do exercício na data da promulgação da Constituição há pelo menos cinco anos continuados, e aquele que esteja vinculado a uma das pessoas jurídicas de direito público ali relacionadas na qualidade de servidor público, embora não admitido na forma regulada no art. 37 da Constituição, sem hiatos quanto a essa relação jurídica, ainda que a títulos diversos, desde que sucedam sem solução de continuidade.[56]

Assim, para todos os efeitos, os servidores que estiverem nessas condições são, também, considerados estáveis, submetendo-se às regras contidas no § 4º do artigo 169 da CF, e poderão perder seu cargo. Essa situação, no entanto, é transitória, pois, com o passar dos anos, não existirão mais casos que se encaixem nessa hipótese.

6.3 Reintegração, recondução, aproveitamento e disponibilidade do servidor público estável – artigo 41, § 2º da CF

> "ART. 41 – ....
>
> § 2º – Invalidada por sentença judicial a demissão do servidor estável, será ele reintegrado, e o eventual ocupante da vaga, se estável, reconduzido ao cargo de origem, sem direi-

---
[56] STF – 1ª T. – Rextr. nº 162.621-6/SP – Rel. Ministro Moreira Alves, *Diário da Justiça*, Seção I, p.16, 22.5.1998.

to a indenização, aproveitado em outro cargo ou posto em disponibilidade com remuneração proporcional ao tempo de serviço."

Num primeiro momento, é preciso definir os quatro institutos citados pelo § 2º do artigo 41, para, então, analisar o conteúdo do referido dispositivo.

Todos são institutos de direito administrativo, excetuada a disponibilidade, inseridos na parte que trata do provimento dos servidores públicos, mais precisamente do provimento derivado, ou seja, aquele que exige para sua prática uma anterior relação funcional entre o provido e o serviço público.

Reintegração é uma forma de provimento derivado por reingresso (pois o servidor encontrava-se afastado do quadro ativo e, por meio dela, retorna a ocupar o mesmo cargo público) praticado em relação a servidor ilegalmente desligado do serviço público, de maneira que este retorne a seu cargo anterior equivalente ou sucessor com integral ressarcimento dos prejuízos financeiros e funcionais sofridos por ele. No mesmo contexto, encontra-se a *recondução*, uma vez que esta ocorre em conseqüência da reintegração, em que o servidor que ocupava o cargo daquele que foi reintegrado tem o direito de ser reconduzido ao cargo de origem.

Já o *aproveitamento* também é forma de provimento derivado por reingresso, pois implica o retorno ao quadro ativo do servidor que se encontrava em *disponibilidade*. Esta, por sua vez, é garantia dada ao servidor para que não se rompa o vínculo administrativo. O servidor fica, sem exercer suas atribuições, aguardando nova oportunidade para reingressar no serviço público, dependendo, no entanto, do interesse público, uma vez que é um ato discricionário, podendo ser conveniente ou não para a Administração Pública. Portanto, nesse caso, o servidor não é desligado do serviço público, mas apenas espera nova oportunidade.

Feitas essas considerações, cumpre analisar as mudanças promovidas pela EC nº 19/1998.

Acrescentou-se a estabilidade como condição para que o servidor, ocupante da vaga do servidor demitido, seja reconduzido ao cargo de origem, sem direito a indenização, ou seja, aproveitado em outro cargo ou colocado em disponibilidade com remuneração proporcional ao tempo de serviço.

Se o servidor for estável, poderá a administração, conforme sua conveniência e/ou oportunidade, optar por qualquer um desses institutos.

Além disso, a EC nº 19/1998 estabeleceu que a remuneração do servidor que estiver em disponibilidade será proporcional ao tempo de serviço, afastando, com isso, dúvidas, antes levantadas, a respeito de ser a remuneração integral ou proporcional ao tempo de serviço.

6.4 Extinção do cargo de servidor estável – disponibilidade e aproveitamento – artigo 41, § 3º, da CF

"ART. 41 – ....

§ 3º – Extinto o cargo ou declarada a sua desnecessidade, o servidor estável ficará em disponibilidade com remuneração proporcional ao tempo de serviço, até seu adequado aproveitamento em outro cargo."

Três são os temas a serem abordados nesse dispositivo, a saber: a extinção e desnecessidade do cargo, a disponibilidade do cargo e o seu aproveitamento.

No caso de extinção, sua abordagem deve se dar em consonância com o artigo 169, §§ 4º e 7º da CF, também emendados.[57]

---

57 "Art. 169 – ....
  § 4º. Se as medidas adotadas com base no parágrafo anterior não forem

Tais dispositivos trazem a obrigatoriedade de lei federal, de caráter geral, que disciplinará as normas gerais para o caso de extinção de cargos. Assim, qualquer dos entes federais que tiver a pretensão de extinguir cargos para limitar as despesas com pessoal, exonerando os servidores deles ocupantes, deverá, antes de qualquer ato, obedecer ao disposto na lei federal. Essa Lei já existe e é a de nº 9.801, de 14 de junho de 1999, em que estão dispostas as normas gerais para perda do cargo público por excesso de despesa.

Entre outras coisas, dispõe a Lei nº 9.801/1999 sobre a extinção dos cargos vagos e veda a criação de cargo, emprego ou função com atribuições iguais ou assemelhadas pelo prazo de quatro anos:

> ART. 4º – Os cargos vagos em decorrência da dispensa de servidores estáveis de que trata esta Lei serão declarados extintos, sendo vedada a criação de cargo, emprego ou função com atribuições iguais ou assemelhadas pelo prazo de quatro anos.

Para a extinção de cargo, na hipótese de cumprimento dos limites, em razão de excesso de despesa, basta que o ato normativo seja expedido pelos chefes de cada um dos Poderes da União, dos Estados, dos Municípios e do Distrito Federal, conforme artigo 2º da Lei nº 9.801/1999, sem necessidade de lei específica. Ademais, o § 7º do artigo 169 da CF só exige, para a perda do cargo pelo servidor estável, Lei Federal que disponha sobre normas gerais (Lei nº 9.801/1999). Note-se, porém, que tal dispositivo consiste em exceção ao artigo 48, inciso X, da CF.

---

suficientes para assegurar o cumprimento da determinação da lei complementar referida neste artigo, o servidor estável poderá perder o cargo, desde que ato normativo motivado de cada um dos Poderes especifique a atividade funcional, o órgão ou unidade administrativa objeto da redução de pessoal.

....

§ 7º. Lei Federal disporá sobre as normas gerais a serem obedecidas na efetivação do disposto no § 4º."

Nos demais casos, quando a extinção se der por outros motivos, será necessária lei específica, em conformidade com o estatuído no artigo 48, inciso X, da CF.[58]

A novidade, aqui, ficou por conta da declaração "desnecessidade do cargo", sem que se dê sua imediata extinção, sendo de competência da autoridade máxima de cada poder declará-la (artigo 4º da Lei nº 9.801/1999).

A disponibilidade a ser tratada no parágrafo em questão não tem como condão punir o servidor público, tampouco beneficiá-lo. É simplesmente um modo de manter o servidor público estável vinculado ao serviço público, como se em atividade estivesse, de acordo com a determinação da Administração.

Acrescentado, da mesma forma como foi ao artigo 41, § 2º, da CF, o modo como se dará a remuneração do servidor público estável em disponibilidade, discussões que se travaram a respeito do tema fazem parte do passado. Para isso, explicitou-se que a remuneração de tais servidores será proporcional ao tempo de serviço e não integral, como entendia o próprio STF anteriormente às alterações da reforma. Essa remuneração, a ser paga ao servidor em disponibilidade, advém da sua estabilidade adquirida, e não do fato de estar em disponibilidade, pois assim está por obra do Poder Público e não por vontade sua.

Se o servidor estiver em disponibilidade, poderá ser aproveitado a qualquer momento, de acordo com a necessidade da Administração Pública e em função da aptidão do servidor para prover o cargo.

Dessa forma, com o surgimento de uma oportunidade, e estando o servidor apto, a Administração não poderá negar

---

58 "Art. 48 – Cabe ao Congresso Nacional, com a sanção do Presidente da República, não exigida esta para o especificado nos arts. 49, 51 e 52, dispor sobre todas as matérias de competência da União, especialmente sobre:

....

X – criação, transformação e extinção de cargos, empregos e funções públicas..."

o direito ao aproveitamento, sob pena de ser, a autoridade, responsabilizada.

6.5 Da avaliação especial de desempenho – artigo 41, § 4º, da CF

"ART. 41 – ....

§ 4º – Como condição para a aquisição da estabilidade, é obrigatória a avaliação especial de desempenho por comissão instituída para essa finalidade."

Para alcançar a estabilidade, a partir da EC nº 19/1998, é também necessário o preenchimento do requisito da avaliação especial de desempenho, além, é claro, do decurso do prazo de três anos de estágio probatório, já estudado. São, portanto, condições cumulativas a serem preenchidas pelo servidor público.

Note-se que, tendo em vista a finalidade da avaliação de desempenho, qual seja, a aquisição da estabilidade, não há que se falar em avaliação para aqueles servidores nomeados em comissão, tampouco para os contratados (empregados públicos).

Essa nova forma possibilita uma melhor avaliação das funções desempenhadas pelo servidor, uma vez que o simples cumprimento do prazo de estágio não comprova de maneira eficaz a sua competência, sua idoneidade e a qualidade dos serviços por ele prestados.

A avaliação de desempenho deve ser realizada com o servidor em pleno exercício de sua função. Se, durante o estágio probatório, por algum motivo, o servidor vier a se afastar de suas funções, o prazo de avaliação será suspenso, voltando a fluir de onde parou até que se complete o tempo de três anos. Portanto, a avaliação de desempenho deve ser contínua até que se escoe o prazo de estágio probatório.

Também não se admite o aproveitamento de outro estágio probatório, muito menos a estabilidade adquirida em cargo público diverso, com a pretensão de dispensar o estágio no cargo atual. Nesse sentido: "Para um estágio só se conta o tempo de nomeação efetiva na mesma Administração, não sendo computável o tempo de serviço prestado em outra unidade estatal, nem o período de exercício da função pública a título provisório".[59] E ainda: "Ao ser investido em novo cargo, não está dispensado de cumprir o estágio probatório nesse novo cargo".[60]

Essa avaliação tem por escopo aferir a aptidão e a capacidade do servidor no desempenho das atribuições do cargo de provimento efetivo, por meio de assiduidade, disciplina, espírito de iniciativa, eficiência e responsabilidade (artigo 20 da Lei nº 8.112/1990).

Para que a avaliação ocorra, deverá ser instituída comissão com finalidade única de avaliar o desempenho profissional dos servidores públicos, despida de qualquer tipo de preconceito, formada por servidores estáveis de nível igual ou superior ao avaliado, devendo ser totalmente imparcial, para, então, atingir o objetivo maior almejado pela reforma, ou seja, a melhoria na qualidade de serviços prestados. A motivação deverá estar presente em todas as suas decisões, pois a perda do cargo, com a conseqüente demissão, é inevitável nos casos em que a avaliação for negativa, principalmente quando configurar inassiduidade habitual, improbidade administrativa e prática de crimes contra a Administração Pública, garantindo-se, todavia, sempre, o contraditório e a ampla defesa no bojo de um processo administrativo. Assim julga o STF: "O policial militar, conquanto em fase de estágio probatório, somente pode vir a ser desligado da corporação mediante regular processo administrativo em que lhe seja garantida a oportunidade de se defender, utilizando, para tanto, de provas, sob a égide do contraditório".[61] "Servidor

---
59 RE nº 120.133-MG, DJ, 29.11.1996.
60 ROMS nº 859-1/91, DJ, 17.2.1992.
61 RE nº 230.540 – SP, DJ, 13.8.1999.

exonerado na fase de estágio probatório. Exigência de processo administrativo com a oportunidade de ampla defesa."[62]

7 Organização do Poder Legislativo – competência do Congresso Nacional – fixação do subsídio dos Ministros do STF – artigo 7º da EC nº 19/1998

> "ART. 7º – O art. 48 da Constituição Federal passa a vigorar acrescido do seguinte inciso XV:
> Art. 48 – Cabe ao Congresso Nacional, com a sanção do Presidente da República, não exigida esta para o especificado nos arts. 49, 51 e 52, dispor sobre todas as matérias de competência da União, especialmente sobre:
> ....
> XV – fixação do subsídio dos Ministros do Supremo Tribunal Federal, por lei de iniciativa conjunta dos Presidentes da República, da Câmara dos Deputados, do Senado Federal e do Supremo Tribunal Federal, observado o que dispõem os arts. 39, § 4º, 150, II, 153, III, e 153, § 2º, I."

O artigo 48 disciplina as atribuições do Congresso Nacional que, com a reforma administrativa, ganhou mais um inciso, XV, que fixa o subsídio dos Ministros do STF. Para isso, fazem-se necessárias a participação do Poder Executivo pela sanção presidencial e a edição de lei ordinária de iniciativa conjunta dos Presidentes da República, da Câmara dos Deputados, do Senado Federal e do Supremo Tribunal Federal. Essa iniciativa conjunta ocorre porque o subsídio dos Ministros do STF será teto para todos os servidores públicos, nos moldes dos artigos 37,

---

62 RE nº 228.074 – SP, DJ, 6.8.1999.

incisos X e XI, e 39, § 4º, da CF, excetuando-se os servidores das empresas públicas e sociedades de economia mista, com a ressalva do artigo 37, § 9º, da CF.

A nova redação do artigo 48 da CF põe por terra a possibilidade de existência dos regulamentos autônomos, já que os de mera execução permanecem possíveis em nosso ordenamento jurídico.

Os regulamentos autônomos são herança do tempo em que o poder de legislar concentrava-se nas mãos do Chefe de Estado. Portanto, quando o Executivo fazia uso do poder de editar regulamentos autônomos, legislava sem se ater a qualquer lei ordinária, respeitando, contudo, a competência legislativa reservada ao Poder Legislativo. Nos dizeres de Diógenes Gasparini (1982, p.157): "Regulamento é ato administrativo normativo, editado privativamente pelo Presidente da República, segundo uma relação de compatibilidade com a lei para desenvolvê-la ou para regular matéria a ele reservada constitucionalmente".

Na Constituição anterior à de 1988, os regulamentos autônomos eram permitidos pelos artigos 81 e 182. Este dispunha sobre as competências exercitadas pelo Presidente da República, que pela atual redação estão previstas no artigo 21 da CF. Hoje, no entanto, não mais se admite o regulamento autônomo, pois é preciso, para que se exerçam as competências administrativas, lei, conforme o estabelecido no artigo 48. Por sua vez, os regulamentos de mera execução continuam sendo permitidos pelo direito brasileiro, segundo o artigo 84, inciso IV, da CF.[63]

Hoje, portanto, o conceito de regulamento passou a ter uma conotação diversa daquela apresentada nos moldes anteriores à Constituição Federal de 1988, na qual se admitia a existência, além dos regulamentos executivos, também dos autônomos.

---

63 "Art. 84 – Compete privativamente ao Presidente da República:
IV – sancionar, promulgar e fazer publicar as leis, bem como expedir decretos e regulamentos para a sua fiel execução..."

Celso Antônio Bandeira de Mello (1995, p.170) define com clareza o regulamento em nosso direito atual: "É o ato geral e (de regra) abstrato, de competência privativa do Chefe do Poder Executivo, expedido com a estrita finalidade de produzir as disposições operacionais uniformizadoras necessárias à *execução de lei* cuja aplicação demande atuação da Administração Pública".

E, ainda, afasta qualquer possibilidade de existência dos regulamentos autônomos:

> É que os dispositivos constitucionais caracterizadores do princípio da legalidade no Brasil impõem ao regulamento o caráter que se lhe assinalou, qual seja, o de ato estritamente subordinado, isto é, meramente subalterno e, ademais, dependente de lei. Daí que, entre nós, só podem existir regulamentos conhecidos no Direito alienígena como "regulamentos executivos". Nenhum outro tipo de regulamento é tolerado ... Muito menos haveria cogitar, entre nós, dos regulamentos ditos "independentes" ou "autônomos", conhecidos em alguns países. (ibidem)

8 Organização dos Poderes Legislativo e Executivo – competência exclusiva do Congresso Nacional – fixação do subsídio para os Deputados Estaduais, Senadores, Presidente, Vice-Presidente e Ministros de Estado – artigo 8º da EC nº 19/1998

"ART. 8º – Os incisos VII e VIII do art. 49 da Constituição Federal passam a vigorar com a seguinte redação:

Art. 49. É da competência exclusiva do Congresso Nacional:
....

VII – fixar idêntico subsídio para os Deputados Federais e os Senadores, observado o que dispõem os arts. 37, XI, 39, § 4º, 150, II, 153, III, e 153, § 2º, I;

VIII – fixar os subsídios do Presidente e do Vice-Presidente da República e dos Ministros de Estado, observado o que dispõem os arts. 37, XI, 39, § 4º, 150, II, 153, III, e 153, § 2º, I..."

Adaptaram-se os incisos em questão à nova sistemática da Constituição introduzida pela EC nº 19/1998. Para tal, reformulou-se o termo "remuneração" substituindo-o pelo atual "subsídio", ora utilizado para designar o valor monetário pago aos agentes políticos em todas as esferas de poder.

Também foram suprimidas as expressões "em cada legislatura, para a subseqüente" e "para cada exercício financeiro". Note-se que, no primeiro caso, a expressão "cada legislatura" alcança um período de quatro anos de mandato por tratar-se do Poder Legislativo, conforme o disposto pelo artigo 44, parágrafo único, da CF. Assim, os parlamentares que antes não podiam votar aumento para seus salários, agora poderão fazê-lo com eficácia imediata, dependendo apenas de lei concessiva de aumento para os Ministros do STF. No segundo caso, a supressão da expressão "para cada exercício financeiro" possibilitou o aumento de remuneração do Poder Executivo para o mesmo período em que foi aprovado, e não mais só para o exercício financeiro seguinte como era antes desta alteração.

9 Poder Legislativo – competências privativas da Câmara dos Deputados e do Senado Federal – artigos 9º e 10 da EC nº 19/1998

"ART. 9º – O inciso IV do art. 51 da Constituição Federal passa a vigorar com a seguinte redação:

Art. 51 – Compete privativamente à Câmara dos Deputados:
....

IV – dispor sobre sua organização, funcionamento, polícia, criação, transformação ou extinção dos cargos, empregos e funções de seus serviços, e a iniciativa de lei para fixação da respectiva remuneração, observados os parâmetros estabelecidos na lei de diretrizes orçamentárias;..."

"ART. 10 – O inciso XIII do art. 52 da Constituição Federal passa a vigorar com a seguinte redação:
Art. 52 – Compete privativamente ao Senado Federal:
....

XIII – dispor sobre sua organização, funcionamento, polícia, criação, transformação ou extinção dos cargos, empregos e funções de seus serviços, e a iniciativa de lei para fixação da respectiva remuneração, observados os parâmetros estabelecidos na lei de diretrizes orçamentárias;..."

As duas alterações da EC nº 19/1998 foram concentradas em um único tópico, uma vez que elas têm o mesmo escopo, qual seja, o de introduzir a expressão "a iniciativa de lei para" fixação da respectiva remuneração, seja no âmbito da competência privativa da Câmara dos Deputados, seja no âmbito da competência privativa do Senado Federal.

Trata-se de lei substantiva/material com o objetivo de definir os direitos subjetivos e estabelecer o comando para cumprimento da ordem jurídica; no exemplo em pauta, fixar a remuneração nos casos previstos.

Do lado oposto está a lei adjetiva/formal – tão fundamental quanto a primeira, mas cujo objetivo daquela difere – que oferece os meios adequados para a concretização dos direitos por seu exercício.

Assim, a partir da EC nº 19/1998, faz-se necessária lei para a fixação da remuneração dos servidores da Câmara dos Deputados e do Senado Federal. Com isso, torna impossível a permanência dos regulamentos autônomos antes utilizados para o estabelecimento desses valores, permanecendo, como já dito, os regulamentos de mera execução. Tal lei é de iniciativa de cada Casa Legislativa, devendo ser aprovada pelo Congresso Nacional e sancionada pelo Presidente da República.

Ao trazer a debate parlamentar essa questão remuneratória, há uma maior publicidade, o que possibilita a fiscalização popular do uso do dinheiro público, atendendo, dessa forma, ao interesse público.

Está adequado o respectivo inciso ao disposto no artigo 37, inciso X, da CF, ora modificado pela EC nº 19/1998, pelo qual a remuneração dos servidores públicos só poderá ser alterada mediante lei específica.

10 Poder Legislativo – sessão legislativa extraordinária – artigo 11 da EC nº 19/1998

"ART. 11 – O § 7º do art. 57 da Constituição Federal passa a vigorar com a seguinte redação:
Art. 57..
§ 7º – Na sessão legislativa extraordinária, o Congresso Nacional somente deliberará sobre a matéria para a qual foi convocado, vedado o pagamento de parcela indenizatória em valor superior ao do subsídio mensal."

As sessões legislativas se dão ordinária e extraordinariamente. Por sessão legislativa ordinária compreende-se aquela em que o Congresso Nacional se reúne nos períodos de 15 de fevereiro a 30 de junho e 1º de agosto a 15 de dezembro. São, portanto, quatro sessões legislativas ou oito períodos legislativos. Os períodos não mencionados constituem o recesso parlamentar, em que os congressistas só trabalharão se convocados extraordinariamente.

Além disso, nos casos previstos pelo § 6º do artigo 57 da CF, a convocação também dar-se-á extraordinariamente, podendo ser feita pelo Presidente da República, pelo Presidente do Senado Federal, pelo Presidente da Câmara dos Deputados, ou a requerimento da maioria dos membros de ambas as Casas Legislativas.

Para esses casos de convocação, acrescentou-se a proibição de pagamento de parcela indenizatória em valor superior ao do subsídio mensal, em respeito ao princípio da moralidade administrativa. Assim, o parlamentar convocado para sessão extraordinária fará jus a uma indenização, na proporção dos dias suprimidos do recesso, como forma de ressarcimento por ter de abandoná-lo, não podendo ser ela em valor maior ao pago pelo subsídio mensal.

11 Poder Legislativo – prestação de contas – artigo 12 da EC nº 19/1998

> "ART. 12 – O parágrafo único do art. 70 da Constituição Federal passa a vigorar com a seguinte redação:
> Art. 70..
> Parágrafo único. Prestará contas qualquer pessoa física ou jurídica, pública ou privada, que utilize, arrecade, guarde, gerencie ou administre dinheiros, bens e valores públicos ou pelos quais a União responda, ou que, em nome desta, assuma obrigações de natureza pecuniária."

O artigo em questão dispõe sobre uma das funções típicas do Poder Legislativo, ou seja, a função fiscalizadora que, aqui, lhe é atribuída; a outra, como é sabido, é a função de legislar.

O controle parlamentar pode ocorrer no âmbito político-administrativo, para que se dê o controle do Executivo na gestão da coisa pública. Para isso, a Constituição outorga poderes como a possibilidade de criação e instauração de comissões parlamentares de inquérito (CPIs).

Há, entretanto, um segundo controle que se dá no âmbito financeiro-orçamentário, de que trata o respectivo artigo e seu parágrafo único, modificado pela EC nº 19/1998.

Essa modificação estende o controle, antes exercido apenas com relação à pessoa física ou entidade pública, para alcançar as pessoas jurídicas privadas, pois, muitas vezes, o dinheiro público era liberado pela Administração, mas não utilizado para a satisfação do interesse público, e sim do particular, não havendo controle algum sobre isso, embora o Tribunal de Contas da União contornasse o problema, exigindo a prestação de contas da pessoa física do dirigente da empresa de direito privado, o que, por via indireta, alcançava a pessoa jurídica.

> O dever de prestar contas, no caso, não é da entidade, mas da pessoa física responsável por bens e valores públicos, seja ele agente público ou não. Embora a entidade seja de direito privado, sujeita-se à fiscalização do Estado, pois recebe recursos de origem estatal, e seus dirigentes hão de prestar contas dos valores recebidos...[64]

Não era, no entanto, suficiente, pois o dirigente era punido, e a entidade privada saía ilesa de suposta punição.

Cabe, portanto, ao Tribunal de Contas, órgão auxiliar do Poder Legislativo, a árdua tarefa de controlar as pessoas físicas ou jurídicas, públicas ou privadas, no combate à má utilização do dinheiro público, respeitando, com isso, os princípios da moralidade, da impessoalidade e da legalidade. Trata-se de um controle externo também possível pelo Poder Judiciário, seja por meio de ações mandamentais, seja por meio da iniciativa do cidadão no uso da ação popular e também das ações coletivas.

Além do controle externo, pode haver também o controle interno, feito pela própria administração, nos moldes da súmula

---

[64] MS nº 21.644-1 – Rel. Ministro Néri da Silveira. DJU 8.11.1996, p.43204.

473 do STF,[65] podendo ambos os controles serem exercitados simultaneamente, sem que um interfira no outro.

Com isso, verifica-se que a EC nº 19/1998 aumentou o rol de meios possíveis para a fiscalização daqueles que gerenciam os recursos públicos e não afastou aquelas possibilidades já previstas anteriormente. Caberá aos entes elencados pelo parágrafo único do artigo 70 da CF demonstrar o uso regular do dinheiro público.

12 Poder Judiciário – fixação de subsídios, irredutibilidade de subsídios dos Magistrados e competência privativa dos Tribunais Superiores – artigo 13 da EC nº 19/1998

12.1 Fixação do subsídio dos Magistrados – artigo 93, inciso V, da CF

> "ART. 13 – O inciso V do art. 93, o inciso III do art. 95 e a alínea b do inciso II do art. 96 da Constituição Federal passam a vigorar com a seguinte redação:
>
> Art. 93 – Lei complementar, de iniciativa do Supremo Tribunal Federal, disporá sobre o Estatuto da Magistratura, observados os seguintes princípios:
> V – o subsídio dos Ministros dos Tribunais Superiores corresponderá a noventa e cinco por cento do subsídio mensal fixado para os Ministros do Supremo Tribunal Federal e

---

65 Súmula 473 do STF – "A administração pode anular seus próprios atos, quando eivados de vícios que os tornam ilegais, porque deles não se originam direitos; ou revogá-los, por motivo de conveniência ou oportunidade, respeitados os direitos adquiridos, e ressalvada, em todos os casos, a apreciação judicial."

os subsídios dos demais magistrados serão fixados em lei e escalonados, em nível federal e estadual, conforme as respectivas categorias da estrutura judiciária nacional, não podendo a diferença entre uma e outra ser superior a dez por cento ou inferior a cinco por cento, nem exceder a noventa e cinco por cento do subsídio mensal dos Ministros dos Tribunais Superiores, obedecido, em qualquer caso, o disposto nos arts. 37, XI, e 39, § 4º..."

Não é de hoje que se fala da crise instalada no Poder Judiciário. Desde a Primeira República o assunto é discutido.

Não se pode, no entanto, atribuir toda problemática exclusivamente ao Poder Judiciário. Trata-se de um conjunto de fatores que, conjugados, levam à crise de uma forma geral, ou seja, uma crise estatal, em todos os seus âmbitos, de todas as suas funções.

O Estado contemporâneo gera crises em todos os sentidos, de forma que as alterações se fazem necessárias não apenas no contexto brasileiro, mas no mundial. Assim, os problemas decorrem da adoção de um Estado onde impera a ineficácia do sistema judiciário, mas não só dele, gerido por servidores sem apreço pelo serviço público ou, o que é pior, incompetentes para exercê-lo, resultando num serviço moroso e sem qualidade.

A EC nº 19/1998 não apresentou grandes modificações de conteúdo quanto à reforma necessária ao judiciário, atendo-se a adequar os dispositivos a ele referentes às novas condições por ela impostas, as quais veremos a seguir.

O artigo 93 da CF dispõe sobre a fixação do Estatuto da Magistratura por meio de lei complementar. Para isso, traça o esqueleto de como ela deve ser em seus onze incisos. Enquanto ela não vem, continua vigendo, parcialmente, a Lei Complementar nº 35, de 14 de março de 1979, não recepcionada integralmente pela Constituição Federal. Aliás, o artigo 93 e incisos amenizam os efeitos da não-edição da lei, uma vez que fixam os princípios básicos da magistratura que são de aplicação imediata.

A modificação introduzida pela EC nº 19/1998 ajusta o inciso V às novas disposições da reforma administrativa. Assim, o termo "vencimentos" foi substituído pelo termo "subsídio", conforme o disposto nos artigos 37, inciso XI, e 39, § 4º, da CF. Nesse ponto, muito se discute quanto à atribuição do subsídio, forma de remuneração dos agentes políticos, aos Magistrados, membros do Ministério Público, do Tribunal de Contas, da Advocacia Pública, da Defensoria Pública, Oficiais Militares e Delegados de Polícia. Duas posições ganham destaque: compartilham da primeira Maurício Antonio Ribeiro Lopes (1998, p.171, 175) e Odete Medauar (1998, p.286) que entendem que tais profissionais não podem ser considerados agentes políticos, pois não se enquadram na sua definição. Para esses doutrinadores, trata-se de agentes públicos especiais ou espécie de servidores públicos sujeitos a um regime especial. Os agentes políticos exercem um múnus público, sem caráter profissional, mas apenas político. De outra parte, Hely Lopes Meirelles (1992, p.72) e Lúcia Valle de Figueiredo (1994, p.365) consideram esses servidores agentes políticos.

O escalonamento na fixação do subsídio no Poder Judiciário permanece em razão da hierarquia funcional e administrativa que repercute na remuneração dos agentes públicos. As diferenças entre um subsídio e outro, no entanto, tornaram-se mais complexas, e, da mesma forma, mudaram-se os paradigmas. No texto derrogado, as diferenças entre um vencimento e outro não podiam exceder a 10% de uma categoria de carreira para outra, tendo como teto os vencimentos dos Ministros do Supremo Tribunal Federal. Com a mudança, o subsídio dos Ministros dos Tribunais Superiores corresponderá a 95% do subsídio mensal fixado para os Ministros do Supremo Tribunal Federal, e os dos outros magistrados serão escalonados conforme o disposto em lei, e a diferença entre um nível de carreira e outro não poderá ser superior a 10% ou inferior a 5%, nem ultrapassar a 95% o subsídio mensal dos Ministros dos Tribunais Superiores.

Ademais, o subsídio dos membros do Poder Judiciário deverá respeitar o teto salarial fixado por lei, ou seja, não ser superior ao subsídio mensal, em espécie, dos Ministros do Supremo Tribunal Federal (artigo 37, inciso XI, da CF).

Para estabelecer o subsídio dos magistrados federais e estaduais, é imprescindível a edição de lei específica que o fixará. No que tange os índices percentuais máximo e mínimo fixados para diferenciar aos níveis de carreira, fica a critério do legislador a adoção de um ou outro, bem como a de um índice intermediário, de acordo com as possibilidades do orçamento local e obedecendo sempre ao teto previsto na Constituição Federal.

Além disso, a fixação do subsídio dos magistrados deve respeitar o princípio da igualdade tributária, bem como os critérios da generalidade, da universalidade e da progressividade, insculpidos no artigo 153, § 2º, inciso I, da CF, vedando-se qualquer tratamento privilegiado, principalmente quanto à incidência do imposto de renda (artigo 153, inciso III, da CF).

12.2 Irredutibilidade de subsídio dos magistrados – artigo 95, inciso III, da CF

"ART. 95 – Os juízes gozam das seguintes garantias:
....
III – irredutibilidade de subsídio, ressalvado o disposto nos arts. 37, X e XI, 39, § 4º, 150, II, 153, III, e 153, § 2º, I..."

Trata-se de uma das garantias constitucionais atribuídas aos magistrados, que incluem, além dessa, a vitaliciedade e a inamovibilidade, constituindo garantias de liberdade.

A vitaliciedade é adquirida com o estágio probatório de dois anos, só podendo o magistrado ser destituído de seu cargo por força de sentença judicial transitada em julgado. Porém, os magistrados nomeados pelos Tribunais Superiores não necessitam desse período probatório.

Quanto à inamovibilidade, o magistrado não pode ser removido do seu cargo, senão voluntariamente ou de forma compulsória nas hipóteses de manifesto interesse público.

Por fim, a garantia alterada pela EC nº 19/1998 da irredutibilidade de subsídios nos apresenta o preceito de que nenhum magistrado pode ter reduzido o valor nominal de seu subsídio (irredutibilidade jurídica), mas apenas os descontos legalmente previstos. O STF já decidiu pela existência da irredutibilidade jurídica, negando o direito à atualização monetária, ou seja, a irredutibilidade real (JSTF, 49/94:57//52), o que representa uma garantia de independência do Juiz ante os demais poderes estatais. A modificação aqui foi apenas inserida para adequar-se o artigo aos novos termos introduzidos pela reforma administrativa, trocando o termo "vencimentos" por "subsídio".

Faz-se mister, no entanto, esclarecer que a irredutibilidade não é um princípio que se aplica somente aos magistrados, mas aos servidores públicos em geral, conforme disposto no artigo 39, § 3º, c/c artigo 37, inciso XV, da CF.

12.3 Competência privativa do STF, dos Tribunais Superiores e dos Tribunais de Justiça – artigo 96, inciso II, alínea b, da CF

"ART. 96 – Compete privativamente:

....

II – ao Supremo Tribunal Federal, aos Tribunais Superiores e aos Tribunais de Justiça propor ao Poder Legislativo respectivo, observado o disposto no art. 169:

....

b) a criação e a extinção de cargos e a remuneração dos seus serviços auxiliares e dos juízes que lhes forem vinculados, bem como a fixação do subsídio de seus membros e dos juízes, inclusive dos tribunais inferiores, onde houver, ressalvado o disposto no art. 48, XV..."

Também nesse caso nada de novo foi acrescentado, mais uma vez a alteração foi feita para a adaptação ao novo sistema remuneratório consagrado pela reforma administrativa.

Dessa forma, tendo por base o subsídio dos Ministros do Supremo Tribunal Federal (artigo 37, inciso XI, da CF), caberá a cada Tribunal Superior iniciativa para propor ao Poder Legislativo o estabelecimento de seus próprios subsídios e também dos juízes, dos serventuários (pessoal de cartório) e outros servidores administrativos vinculados aos respectivos tribunais.

O legislador constituinte, ao utilizar o termo "remuneração", o faz no sentido de gênero do novo sistema remuneratório apresentado pela reforma administrativa, das quais são espécies o subsídio (para os agentes políticos) e os vencimentos (para os demais agentes públicos). Entretanto, embora os magistrados sejam remunerados por meio de subsídios, não são considerados agentes políticos pela maioria da doutrina, *data venia* posicionamento diverso de Hely Lopes Meirelles (1992, p.72) que os considera como tal. Quanto aos demais servidores, estes fazem jus a vencimentos; situação diferente da derrogada, quando todos os servidores eram remunerados, indistintamente, por vencimentos.

O ente federado poderá, no entanto, com base no artigo 39, § 8º, da CF e mediante lei infraconstitucional, optar por remunerar seus servidores públicos por meio de vencimentos ou subsídio de acordo com suas necessidades, respeitando sempre os limites impostos pelo artigo 169 da CF. A vantagem em adotar como forma de pagamento a esses agentes públicos a espécie "subsídio" estaria no fato de que, com este, é incompatível o acréscimo com qualquer outra gratificação, adicional, abono, prêmio, verba de representação ou outra espécie remuneratória, o que acarretaria uma redução nos gastos públicos. Tal possibilidade não caberia com relação a "vencimentos", compatíveis que são com a cumulação com outras formas de gratificação.

"Art. 39 – A União, os Estados, o Distrito Federal e os Municípios instituirão conselho de política de administração e remuneração de pessoal, integrado por servidores designados pelos respectivos Poderes...

§ 4º – O membro de Poder, o detentor de mandato eletivo, os Ministros de Estado e os Secretários Estaduais e Municipais serão remunerados exclusivamente por subsídio fixado em parcela única, vedado o acréscimo de qualquer gratificação, adicional, abono, prêmio, verba de representação ou outra espécie remuneratória, obedecido, em qualquer caso, o disposto no artigo 37, X e XI.

§ 8º – A remuneração dos servidores públicos organizados em carreira poderá ser fixada nos termos do § 4º..."

"Art. 169 – A despesa com pessoal ativo e inativo da União, dos Estados, do Distrito Federal e dos Municípios não poderá exceder os limites estabelecidos em lei complementar.

§ 1º – A concessão de qualquer vantagem ou aumento de remuneração, a criação de cargos, empregos e funções ou alteração de estrutura de carreiras, bem como a admissão ou contratação de pessoal, a qualquer título, pelos órgãos e entidades da Administração direta ou indireta, inclusive fundações instituídas e mantidas pelo Poder Público, só poderão ser feitas:

I – se houver prévia dotação orçamentária suficiente para atender às projeções de despesa de pessoal e aos acréscimos dela decorrentes;

II – se houver autorização específica na lei de diretrizes orçamentárias, ressalvadas as empresas públicas e as sociedades de economia mista.

§ 2º – Decorrido o prazo estabelecido na lei complementar referida neste artigo para a adaptação aos parâmetros ali previstos, serão imediatamente suspensos todos os repasses de verbas federais ou estaduais aos Estados, ao Distrito Federal e aos Municípios que não observarem os referidos limites.

§ 3º – Para o cumprimento dos limites estabelecidos com base neste artigo, durante o prazo fixado na lei complementar referida no *caput*, a União, os Estados, o Distrito Federal e os Municípios adotarão as seguintes providências:

I – redução em pelo menos vinte por cento das despesas com cargos em comissão e funções de confiança;

II – exoneração dos servidores não estáveis.

§ 4º – Se as medidas adotadas com base no parágrafo anterior não forem suficientes para assegurar o cumprimento da determinação da lei complementar referida neste artigo, o servidor estável poderá perder o cargo, desde que ato normativo motivado de cada um dos Poderes especifique a atividade funcional, o órgão ou unidade administrativa objeto da redução de pessoal.

§ 5º – O servidor que perder o cargo na forma do parágrafo anterior fará jus à indenização correspondente a um mês de remuneração por ano de serviço.

§ 6º – Cargo objeto da redução prevista nos parágrafos anteriores será considerado extinto, vedada a criação de cargo, emprego ou função com atribuições iguais ou assemelhadas pelo prazo de quatro anos.

§ 7º – Lei federal disporá sobre as normas gerais a serem obedecidas na efetivação do disposto no § 4º."

Lei Complementar nº 101/00 – "Art. 19 – Para os fins do disposto no *caput* do art. 169 da Constituição, a despesa total com pessoal, em cada período de apuração e em cada ente da Federação, não poderá exceder os percentuais da receita corrente líquida, a seguir discriminados:

I – União: 50% (cinqüenta por cento);
II – Estados: 60% (sessenta por cento);
III – Municípios: 60% (sessenta por cento)..."

13 Do Ministério Público – competência – artigo 14 da EC nº 19/1998

ART. 14 – O § 2º do art. 127 da Constituição Federal passa a vigorar com a seguinte redação:
Art.127..
§ 2º. Ao Ministério Público é assegurada autonomia funcional e administrativa, podendo, observado o disposto no art. 169, propor ao Poder Legislativo a criação e extinção de seus cargos e serviços auxiliares, provendo-os por concurso público de provas ou de provas e títulos, a política remuneratória e os planos de carreira; a lei disporá sobre sua organização e funcionamento."

A EC nº 19/1998 veio, apenas, acrescer às competências do Ministério Público a possibilidade de propor ao Poder Legislativo a feitura de leis concernentes à política remuneratória e aos planos de carreira dos promotores e dos procuradores de justiça. Houve por bem incluir tais competências apenas para esclarecer o que o STF já havia decidido e pacificado em seus julgados, antes da reforma:

> Na competência reconhecida ao Ministério Público pelo art. 127, § 2º, da Constituição Federal, para propor ao Poder Legislativo a criação e extinção de cargos e serviços auxiliares, compreende-se a de propor a fixação dos respectivos vencimentos, bem como a sua revisão. (STF, RTJ 153:3)

Deve-se ressaltar, como já exposto no capítulo 4, item 2, que os membros do Ministério Público são tidos por Hely Lopes Meirelles como agentes políticos e, dessa forma, recebem subsídio como os magistrados. O autor inclui, além dos Chefes do Poder Executivo, federal, estadual e municipal, e seus auxiliares diretos, os membros do Poder Legislativo e "demais autoridades que atuem com independência funcional no desempenho das atribuições governamentais, judiciais ou quase judiciais, estranhas ao quadro do funcionalismo estatutário" (Meirelles, 1997, p.178).

Posicionamento diverso, no entanto, é defendido pela maioria da doutrina. Sustenta Maurício Antonio Ribeiro Lopes (1998, p.72) que tanto os magistrados como os membros do Ministério Público são servidores públicos (não agentes políticos) e, portanto, sujeitos à remuneração e não a subsídios. Não estariam esses servidores sujeitos à remuneração fixada em parcela única, tampouco excluídos do recebimento de vantagens pecuniárias, servindo o subsídio dos Ministros do STF apenas para estabelecer o limite imposto aos integrantes dessas carreiras. Da mesma forma entendem Maria Sylvia Zanella Di Pietro (1991, p.305) e Celso Antonio Bandeira de Mello (1995, p.123).

Quanto aos demais servidores pertencentes ao quadro ativo do Ministério Público, caberá à lei estabelecer se perceberão vencimentos ou subsídio.

14 Ministério Público – garantias de seus membros – artigo 15 da EC nº 19/1998

"ART. 15 – Alínea c do inciso I do § 5º do art. 128 da Constituição Federal passa a vigorar com a seguinte redação:
Art. 128 – ....
§ 5º – Leis complementares da União e dos Estados, cuja iniciativa é facultada aos respectivos Procuradores-Gerais, estabelecerão a organização, as atribuições e o estatuto de cada Ministério Público, observadas, relativamente a seus membros:
I – as seguintes garantias:..
 c) irredutibilidade de subsídio, fixado na forma do art. 39, § 4º, e ressalvado o disposto nos arts. 37, X e XI, 150, II, 153, III, e 153, § 2º, I..."

O Ministério Público é tratado na Constituição Federal de 1988 como uma das funções essenciais da justiça, instituição independente, permanente, com competências próprias, incumbida de defender a ordem jurídica, o regime democrático e os interesses sociais e individuais indisponíveis, inclusive com garantias semelhantes às atribuídas aos juízes de direito. Por tudo isso, é, hoje em dia, tida por muitos como um quarto poder. Ao contrário do conceito anterior, que o colocava como órgão do Poder Executivo.

Assim, dada a equivalência entre as carreiras do Ministério Público e da Magistratura, cada qual com funções determinadas, fez-se a devida retificação no respectivo artigo que cuida das garantias concedidas ao membro do Ministério Público, da mesma forma como a feita junto às garantias dos Magistrados.

Mais uma vez, nada de substancial é acrescentado ao artigo em comento, pois a modificação efetuada serviu apenas para adaptar o texto aludido às novas condições impostas pela reforma administrativa. Dessa forma, o legislador limitou-se a substituir o termo "vencimentos" por "subsídio", uma vez que os membros do Ministério Público são tidos como agentes políticos, nada mais acrescentando.

15 Da Advocacia Pública – artigo 16 da EC nº 19/1998

> "ART. 16 – A Seção II do Capítulo IV da Constituição Federal passa a denominar-se 'DA ADVOCACIA PÚBLICA'."

A nomenclatura adotada na redação originária levava a um equívoco; da maneira como escrita, ou seja, "DA ADVOCACIA – GERAL DA UNIÃO", fazia crer que a União era o único ente federativo possuidor de quadro próprio de procuradores, advogando em suas causas, o que não é verdade.

A modificação, portanto, era necessária para que o equívoco se desfizesse. Adotou-se, então, o título atual, "DA ADVOCACIA PÚBLICA", aclarando o contexto da participação dos outros entes federativos, quais sejam, além da União, também os Estados, o Distrito Federal e os Municípios. Todos podem ter seus próprios procuradores, para defesa de seus interesses, desde que por meio de concurso público, nos moldes constitucionais.

16 Advocacia Pública – Procuradores dos Estados e do Distrito Federal – estabilidade – artigo 17 da EC nº 19/1998

> "ART. 17 – O art. 132 da Constituição Federal passa a vigorar com a seguinte redação:
> Art. 132 – Os Procuradores dos Estados e do Distrito Federal, organizados em carreira, na qual o ingresso dependerá de concurso público de provas e títulos, com a participação da Ordem dos Advogados do Brasil em todas as suas fases, exercerão a representação judicial e a consultoria jurídica das respectivas unidades federadas.
> Parágrafo único. Aos Procuradores referidos neste artigo é assegurada estabilidade após três anos de efetivo exercício, mediante avaliação de desempenho perante os órgãos próprios, após relatório circunstanciado das corregedorias."

Cabe aos Procuradores dos Estados e do Distrito Federal exercerem a representação judicial e a consultoria jurídica das respectivas unidades federadas. Para isso, devem ingressar na carreira por concurso público de provas e títulos, que, agora, terá a participação da Ordem dos Advogados do Brasil em todas as suas fases, sob pena de ser o concurso invalidado caso não se faça presente. Além disso, foi retirada do texto constitucional a obrigatoriedade em observar o artigo 135 da CF, a ser analisado logo a seguir.

Foi acrescentado o parágrafo único, no qual é estabelecido o prazo de três anos de estágio probatório para que se adquiram a estabilidade e a necessidade de avaliação de desempenho após relatório circunstanciado das corregedorias, igualando os procuradores aos servidores públicos em geral. Todavia, para aqueles que já se encontravam em estágio probatório quando da promulgação da EC nº 19/1998, respeitar-se-á o prazo de dois anos, conforme o disposto no artigo 28 da emenda.

17 Remuneração dos Procuradores e Defensores Públicos – artigo 18 da EC nº 19/1998

"ART. 18 – O art. 135 da Constituição Federal passa a vigorar com a seguinte redação:
Art. 135 – Os servidores integrantes das carreiras disciplinadas nas Seções II e III deste Capítulo serão remunerados na forma do art. 39, § 4º."

O artigo em comento deve ser interpretado restritivamente, porque, indistintamente, a EC nº 19/1998 equipara os agentes públicos definidos nas respectivas seções II e III, referidas pelo artigo 135, a agentes políticos que, conseqüentemente, serão remunerados por subsídio. No entanto, nem todos os profissionais mencionados poderão ser equiparados a agentes públicos. Assim, os advogados privados devem ser retirados desse rol, pois não são servidores públicos, tampouco agentes políticos, o que torna impossível o recebimento de subsídio.

Quanto aos outros profissionais referidos, são equiparados aos agentes políticos no que tange à remuneração por eles recebida. Portanto, os procuradores da União, dos Estados e do Distrito Federal receberão como forma de remuneração o subsídio, tal qual previsto no artigo 39, § 4º, da CF, também reformado e já visto quando da análise dos artigos 27, § 2º, 28, § 2º, 29, incisos V e VI, e 37, incisos X, XI e XV e § 9º, da CF.

> "Art. 39 ....
> § 4º – O membro de Poder, o detentor de mandato eletivo, os Ministros de Estado e os Secretários Estaduais e Municipais serão remunerados exclusivamente por subsídio fixado em parcela única, vedado o acréscimo de qualquer gratificação, adicional, abono, prêmio, verba de representação ou outra espécie remuneratória, obedecido, em qualquer caso, o disposto no art. 37, X e XI."

18 Segurança Pública – artigo 19 da EC nº 19/1988

O artigo 19 da EC nº 19/1998, que modifica o § 1º e seu inciso III, e os §§ 2º e 3º do artigo 144 da CF e trata da segurança pública, já foi estudado quando da análise do artigo 1º da EC nº 19/1998, no Capítulo 3, item "Conceito", ao qual remetemos o leitor.

19 Orçamento – artigo 20 da EC nº 19/1998

> "ART. 20. O caput do art. 167 da Constituição Federal passa a vigorar acrescido de inciso X, com a seguinte redação:
> Art. 167 – São vedados: ....
> X – a transferência voluntária de recursos e a concessão de empréstimos, inclusive por antecipação de receita, pelos Governos Federal e Estaduais e suas instituições financeiras, para pagamento de despesas com pessoal ativo, inativo e pensionista, dos Estados, do Distrito Federal e dos Municípios."

O endividamento dos Estados, do Distrito Federal e dos Municípios, com empréstimos feitos para pagamento de pessoal, não é novidade entre nós. É sabido que o carro-chefe da reforma administrativa é o enxugamento da máquina administrativa, principalmente com redução de gastos públicos. Assim, para evitar que tais dívidas sejam contraídas e ajudar o legislador constituinte a alcançar sua meta com a diminuição dos gastos públicos, a EC nº 19/1998 aumentou o rol de proibições ao Poder Público em matéria de finanças públicas, acrescentando o inciso X ao artigo 167 da CF.

O inciso X veda a possibilidade da União, bem como suas instituições financeiras, em conceder aos Estados, Distrito Federal e Municípios ajuda financeira para pagamento de despesas com pessoal ativo, inativo e pensionista; proíbe também que os Estados, bem como suas instituições financeiras, auxiliem financeiramente os Municípios no custeio de despesas com o pessoal ativo, inativo e pensionista. Essa ajuda financeira tanto pode vir na forma de antecipação de receita, como também de empréstimo. Portanto, cada ente federativo deve contar com sua própria receita para pagamento de pessoal, programando-se para tal. A desobediência por parte do Executivo ao preceito legal poderá ser objeto do controle efetuado pelo Legislativo, com base no artigo 49, inciso X, da CF.

"Art. 49 – É de competência exclusiva do Congresso Nacional:

....

X – fiscalizar e controlar, diretamente, ou por qualquer de suas Casas, os atos do Poder Executivo, incluídos os da Administração direta..."

Dessa forma, a Constituição prevê não só a necessidade de edição de leis que estabeleçam regras gerais em matéria orçamentária (artigo 165 da CF), como também normas proibitivas de eficácia imediata, ou seja, sem que aguarde regulamentação legal para isso, como disposto no artigo 167 da CF.

A Lei de Responsabilidade Fiscal – LRF (LC nº 101, de 4 de maio de 2000) estabeleceu limites com despesa de pessoal (artigo 19, *caput*).[66] Se assim o fez, foi para que os entes federativos andem com as próprias pernas, ajustando-se à nova realidade. Portanto, qualquer auxílio que venha de encontro a essa diretriz traçada pela LRF é vedado de forma absoluta.

É até possível que ocorram transferências voluntárias à unidade da federação, mas nunca para pagamento de despesas com pessoal.

Ademais, desobedecendo ao previsto no inciso X do artigo 167 da CF, terá o Poder Público praticado ato irregular disciplinado no artigo 15 da LRF,[67] e sujeito a sanções dispostas na Lei de Improbidade (artigos 7º, *caput*, e 10, incisos VII e IX da Lei nº 8.429/1992),[68] bem como sujeito aos artigos 33, § 1º, e 73 da LRF.[69]

---

66 "Art. 19 – Para os fins do disposto no *caput* do art. 169 da Constituição, a despesa total com pessoal, em cada período de apuração e em cada ente da Federação, não poderá exceder os percentuais da receita corrente líquida, a seguir discriminados:
I – União: 50%(cinqüenta por cento);
II – Estados: 60% (sessenta por cento);
III – Municípios: 60% (sessenta por cento)."

67 "Art. 15 – Serão consideradas não autorizadas, irregulares e lesivas ao patrimônio público a geração de despesa ou assunção de obrigação que não atendam o disposto nos arts. 16 e 17" (Brasil, 2000).

68 Lei nº 8.429, de 2 de junho de 1992 (Lei de Improbidade Administrativa) – " Art. 7º – Quando o ato de improbidade causar lesão ao patrimônio público ou ensejar enriquecimento ilícito, caberá à autoridade administrativa responsável pelo inquérito representar ao MP, para a indisponibilidade dos bens do indiciado...
Art. 10 – Constitui ato de improbidade administrativa que causa lesão ao erário qualquer ação ou omissão, dolosa ou culposa, que enseje perda patrimonial, desvio, apropriação, malbaratamento ou dilapidação dos bens ou haveres das entidades referidas no art. 1º, desta lei e notadamente:
VII – conceder benefício administrativo ou fiscal sem a observância das formalidades legais ou regulamentos aplicáveis à espécie...;
IX – ordenar ou permitir a realização de despesas não autorizadas em lei ou regulamento..."

69 Art. 33 – A instituição financeira que contratar operação de crédito com ente da Federação, exceto quando relativa à dívida mobiliária ou à externa,

Marcos Juruena Villela Souto (1997, p.249), como outros autores, apresenta como alternativa ao Poder Público para manutenção do serviço público adequado, em que pese a redução com gastos, a terceirização dos serviços públicos: "em tempos de necessidade de redução de custos da máquina estatal e de incentivo à iniciativa privada, pode o Estado valer-se de outras técnicas para transferir atividades para os particulares além da privatização e das concessões e permissões". Com a terceirização, mantém-se a qualidade do serviço público, mesmo com a contenção de despesas indispensável para o equilíbrio orçamentário.

20 Orçamento – limites previstos em lei complementar – artigo 21 da EC nº 19/1998

20.1 Limites estabelecidos pela Lei Complementar – artigo 169, *caput*, da CF

"ART. 21 – O art. 169 da Constituição Federal passa a vigorar com a seguinte redação:

Art. 169 – A despesa com pessoal ativo e inativo da União, dos Estados, do Distrito Federal e dos Municípios não poderá exceder os limites estabelecidos em lei complementar."

---

deverá exigir comprovação de que a operação atende às condições e limites estabelecidos.
§ 1º – A operação realizada com infração do disposto nesta Lei Complementar será considerada nula, procedendo-se ao seu cancelamento, mediante a devolução do principal, vedados o pagamento de juros e demais encargos financeiros.
Art. 73 – As infrações dos dispositivos desta Lei Complementar serão punidas segundo o Decreto-lei nº 2.848, de 07 de dezembro de 1940 (Código Penal); a Lei nº 1.079, de 10 de abril de 1950; o Decreto-lei nº 2091, de 27 de fevereiro de 1967; a Lei nº 8.429, de 02 de junho de 1992; e demais normas da legislação pertinente."

O *caput* do artigo 169 não foi alterado pela EC nº 19/1998, mantendo-se a necessidade de lei complementar que disponha sobre os limites a serem observados pelos entes federativos para custeio do pessoal ativo e inativo, sendo, portanto, uma norma de eficácia limitada à edição de tal lei. Essa lei, por sua vez, foi editada sob o nº 96, em 31 de maio de 1999, data da sua entrada em vigor, e, posteriormente, revogada pela Lei Complementar nº 101, de 4 de maio de 2000 (Lei de Responsabilidade Fiscal). Disciplina o artigo 19 da Lei de Responsabilidade Fiscal os limites das despesas com pessoal, na forma do artigo 169 da CF, definindo os percentuais da receita corrente líquida a serem obedecidos, ou seja, a União não poderá ultrapassar 50% da receita corrente líquida na despesa total com pessoal, os Estados 60% e os Municípios 60%. Além disso, o artigo 19, em seu § 1º, apresenta as despesas que não serão computadas para atendimento dos limites definidos pelo artigo. São elas: despesas de indenização por demissão de servidores ou empregados; despesas relativas a incentivos à demissão voluntária; despesas derivadas da aplicação do disposto no inciso II do § 6º do artigo 57 da Constituição; despesas decorrentes de decisão judicial (nesse caso, as despesas serão incluídas no limite do respectivo Poder ou órgão referido no artigo 20, § 2º) e da competência de período anterior ao da apuração a que se refere o § 2º do artigo 18; despesas com pessoal do Distrito Federal e dos Estados do Amapá e Roraima, custeadas com recursos transferidos pela União na forma dos incisos XIII e XIV do artigo 21 da Constituição e do artigo 31 da Emenda Constitucional nº 19; despesas com inativos, ainda que por intermédio de fundo específico, custeadas por recursos provenientes da arrecadação de contribuições dos segurados, da compensação financeira de que trata o § 9º do artigo 201 da Constituição; e das demais receitas diretamente arrecadadas por fundo vinculado a tal finalidade, inclusive o produto da alienação de bens, direito e ativos, bem como seu superávit financeiro.

A novidade ficou por conta dos sete parágrafos acrescentados ao artigo 169, que substituíram o parágrafo único da redação anterior e vieram para coagir o Poder Público para que restrinja ao máximo os gastos com pessoal.

20.2 Condições para alteração nas despesas com pessoal – § 1º do artigo 169 da CF

"ART. 169 – ....

§ 1º – A concessão de qualquer vantagem ou aumento de remuneração, a criação de cargos, empregos e funções ou alteração de estrutura de carreiras, bem como a admissão ou contratação de pessoal, a qualquer título, pelos órgãos e entidades da Administração direta ou indireta, inclusive fundações instituídas e mantidas pelo Poder Público, só poderão ser feitas:

I – se houver prévia dotação orçamentária suficiente para atender às projeções de despesa de pessoal e aos acréscimos dela decorrentes;

II – se houver autorização específica na lei de diretrizes orçamentárias, ressalvadas as empresas públicas e as sociedades de economia mista."

O parágrafo único do texto original tinha por conteúdo o previsto atualmente pelo § 1º, com alguns acréscimos.

Inicialmente, no que tange à criação de cargos, estendeu-se essa possibilidade a empregos e funções.

A EC nº 19/1998 modificou o artigo 39 da CF, abolindo o regime estatutário como único a ser adotado. Com isso, possibilitou aos entes federativos a adoção do regime jurídico que melhor lhes aprouver. Em razão disso, foi também alterado o § 1º do artigo 169 da CF para a devida adequação ao novo regime, acrescentando as figuras do emprego e da função relativas a outro tipo de regime jurídico a ser adotado que não o estatutário. A propósito, a Lei nº 9.962, de 22 de fevereiro de 2000, disciplinou o regime de emprego público do pessoal da Administração Federal direta, autárquica e fundacional, estabelecendo ser tal relação de trabalho regida pela Consolidação das Leis Trabalhistas e legislação correlata, devendo a contratação ser precedida de concurso público de provas ou de provas e títulos, somente sendo rescindido o contrato de trabalho por ato unilateral da Administração Pública nos casos previstos pelo artigo 3º da Lei nº 9.962/2000.

Cabe aqui ressaltar que tanto as empresas públicas e sociedades de economia mista que recebem recursos do erário como aquelas que não recebem deverão obedecer ao preceito constitucional, disposto no inciso I do § 1º do artigo 169 da CF, não podendo conceder nenhuma vantagem ou aumento de remuneração, nem criar cargos, empregos e funções ou alterar a estrutura de carreiras, nem admitir ou contratar pessoal a qualquer título sem que haja prévia dotação orçamentária suficiente para atender a tais despesas e aos seus acréscimos. Todavia, não são alcançadas pelo inciso II, como expressamente previsto, não necessitando de autorização específica na lei de diretrizes orçamentárias.

Pela redação original do antigo parágrafo único, somente se faziam necessárias a dotação orçamentária e a autorização específica na lei de diretrizes orçamentárias para o caso de admissão de pessoal, a qualquer título. Com a EC nº 19/1998, tornaram-se, também, indispensáveis a dotação orçamentária e a autorização específica na lei de diretrizes orçamentárias, previstas nos incisos I e II do § 1º do artigo 169 da CF, para a contratação de pessoal, e não mais apenas para a admissão de pessoal. Porque, entre as modificações introduzidas pela EC nº 19/1998, está aquela que possibilita ao ente federativo a adoção do regime jurídico mais conveniente, implicando, com isso, também contratações de servidores nos moldes fixados pela Consolidação das Leis Trabalhistas.

20.3 Suspensão do repasse de verbas federais e estaduais aos estados, ao Distrito Federal e aos Municípios que não observarem os limites impostos – artigo 169, § 2º, da CF

"ART. 169 – ....

§ 2º – Decorrido o prazo estabelecido na lei complementar referida neste artigo para a adaptação aos parâmetros ali previstos, serão imediatamente suspensos todos os repasses de verbas federais ou estaduais aos Estados, ao Distrito Federal e aos Municípios que não observarem os referidos limites."

Trata-se de punição aos estados, Distrito Federal e Municípios que violarem os limites de despesa impostos pela atual Lei de Responsabilidade Fiscal (LC nº 101, de 4 de maio de 2000), estando, pois, revogada a LC nº 82/1995. Assim, caso isso ocorra, haverá a suspensão imediata do repasse de verbas federais ou estaduais aos referidos entes, dispensando, para tal, qualquer forma de notificação, uma vez que o preceito constitucional basta por si só.

Ao mencionar no texto verbas federais e estaduais, o legislador estabeleceu que a União deve suspender os repasses de verbas para os estados, Distrito Federal e Municípios, e que os estados devem suspender os repasses de verbas para os Municípios. Em ambos os casos, a suspensão será determinada por ordem do respectivo Chefe do Poder Executivo, ou seja, no âmbito federal será feita pelo Presidente da República e no estadual pelo Governador do Estado, conforme o artigo 84, inciso XXVII, da CF. Havendo divergências quando da suspensão, o STF se encarregará de dirimir tais dúvidas (artigo 102, inciso I, alínea f, da CF).

Não se trata de uma intervenção feita pela União nos Estados e pelos Estados nos Municípios; não se retira dos Estados, do Distrito Federal e dos Municípios a autonomia administrativa peculiar a cada um. Apesar disso, não deixa de ser uma medida extrema e de cunho rigoroso, e até semelhante à intervenção, quando depara com o fato de que, com a suspensão, não haverá o auxílio financeiro aos entes federativos. Dessa forma, põem-se em risco todas as despesas e os encargos assumidos pelo ente público, uma vez que, sem o montante necessário para suprir as dívidas, fatalmente estarão prejudicados tais pagamentos.

De acordo com o artigo 22 da LRF, deverá ser realizada a verificação do cumprimento dos limites estabelecidos nos artigos 19 e 20 no final de cada quadrimestre, quando serão realizados os relatórios de gestão fiscal que possibilitarão o controle (artigos 54 e 55 da LRF). Além disso, dispõe o parágrafo único do artigo 22 sobre as vedações aplicadas àquele Poder ou ao órgão que exceder em 95% o limite previsto para a despesa total de pessoal.

> ART. 22 – A verificação do cumprimento dos limites estabelecidos nos arts. 19 e 20 será realizada ao final de cada quadrimestre.
> Parágrafo único. Se a despesa total com pessoal exceder a 95% (noventa e cinco por cento) do limite, são vedados ao Poder ou órgão referido no art. 20 que houver incorrido no excesso:
> I – concessão de vantagem, aumento, reajuste ou adequação de remuneração a qualquer título, salvo os derivados de sentença judicial ou de determinação legal ou contratual, ressalvada a revisão prevista no inciso X do art. 37 da Constituição;
> II – criação de cargos, emprego ou função;
> III – alteração de estrutura de carreira que implique aumento de despesa;
> IV – provimento de cargo público, admissão ou contratação de pessoal a qualquer título, ressalvada a reposição decorrente de aposentadoria ou falecimento de servidores das áreas de educação, saúde e segurança;
> V – contratação de hora extra, salvo no caso do disposto no inciso II do § 6º do art. 57 da Constituição e as situações previstas na lei de diretrizes orçamentárias.

20.4 Medidas adotadas pelos entes públicos para o cumprimento dos limites impostos pelo artigo em questão – artigo 169, § 3º, da CF

"ART. 169 – ....

§ 3º – Para o cumprimento dos limites estabelecidos com base neste artigo, durante o prazo fixado na lei complementar referida no *caput*, a União, os Estados, o Distrito Federal e os Municípios adotarão as seguintes providências:
I – redução em pelo menos vinte por cento das despesas com cargos em comissão e funções de confiança;
II – exoneração dos servidores não estáveis.

O § 3º impõe medidas de duas ordens para que se cumpram os limites estabelecidos: redução em 20%, ao menos, dos cargos em comissão e funções de confiança, e exoneração dos servidores não estáveis, medidas que devem ser aplicadas durante o prazo de adaptação.

Como visto, o alvo das medidas disciplinadoras das despesas com pessoal são os servidores ocupantes de cargos em comissão e funções de confiança e os não estáveis. Os primeiros em razão de não terem retenção alguma em seus cargos, podendo ser exonerados a qualquer momento, segundo as conveniências do Poder Público. Os segundos, por não titularizarem cargo de provimento efetivo, em vista de não serem estáveis.

A propósito, para a EC nº 19/1998, servidor não estável é aquele fixado pelo artigo 33 da mesma emenda, ou seja, o servidor admitido na Administração direta, autárquica e fundacional sem concurso público de provas ou de provas e títulos, após 5 de outubro de 1983.[70]

---

70 "Art. 33 – Consideram-se servidores não estáveis, para os fins do art. 169, § 3º, II, da Constituição Federal aqueles admitidos na administração direta, autárquica e fundacional sem concurso público de provas ou de provas e títulos após o dia 5 de outubro de 1983."

A utilização dos critérios é sucessiva: se, com a adoção do primeiro critério, o determinado pela norma for atendido, isto é, se as despesas não ultrapassarem os limites estabelecidos, não será necessária a utilização do segundo. Caso contrário, a segunda medida será adotada, e ainda outra prevista pelo § 4º, estudada a seguir.

20.5 Exoneração dos servidores estáveis para cumprimento dos limites estabelecidos – artigo 169, § 4º, da CF

> "ART. 169 – ....
>
> § 4º – Se as medidas adotadas com base no parágrafo anterior não forem suficientes para assegurar o cumprimento da determinação da lei complementar referida neste artigo, o servidor estável poderá perder o cargo, desde que ato normativo motivado de cada um dos Poderes especifique a atividade funcional, o órgão ou unidade administrativa objeto da redução de pessoal.

Caso nenhuma das medidas anteriores for suficiente para o cumprimento dos limites impostos pela Lei de Responsabilidade Fiscal que revogou a Lei Complementar nº 96/99, utilizar-se-á o critério do § 4º, que exonera os servidores estáveis.

A estabilidade ao cargo é um atributo concedido ao servidor público que preencher os requisitos constitucionais, o que não ocorre de forma absoluta. A EC nº 19/1998 alargou as possibilidades em que se poderá romper o vínculo entre aquele e a Administração Pública, estando, hoje, previstos em diversos artigos da Constituição Federal, a saber:

> "Art. 41 – São estáveis após três anos de efetivo exercício os servidores nomeados para cargo de provimento efetivo em virtude de concurso público.

§ 1º – O servidor público estável só perderá o cargo:
I – em virtude de sentença judicial transitada em julgado;
II – mediante processo administrativo em que lhe seja assegurada ampla defesa;
III – mediante procedimento de avaliação periódica de desempenho, na forma de lei complementar, assegurada ampla defesa."

"Art. 169 – A despesa com pessoal ativo e inativo da União, dos Estados, do Distrito Federal e dos Municípios não poderá exceder os limites estabelecidos em lei complementar.
....
§ 3º – Para o cumprimento dos limites estabelecidos com base neste artigo, durante o prazo fixado na lei complementar referida no *caput,* a União, os Estados, o Distrito Federal e os Municípios adotarão as seguintes providências:
I – redução em pelo menos vinte por cento das despesas com cargos em comissão e funções de confiança;
II – exoneração dos servidores não estáveis.
§ 4º – Se as medidas adotadas com base no parágrafo anterior não forem suficientes para assegurar o cumprimento da determinação da lei complementar referida neste artigo, o servidor estável poderá perder o cargo, desde que ato normativo motivado de cada um dos Poderes especifique a atividade funcional, o órgão ou unidade administrativa objeto da redução de pessoal.

"Art. 247 – As leis previstas no inciso III do § 1º do art. 41 e no § 7º do art. 169 estabelecerão critérios e garantias especiais para a perda do cargo pelo servidor público estável que, em decorrência das atribuições de seu cargo efetivo, desenvolva atividades exclusivas de Estado.
Parágrafo único. Na hipótese de insuficiência de desempenho, a perda do cargo somente ocorrerá mediante processo

administrativo em que lhe sejam assegurados o contraditório e a ampla defesa".

Esta medida não tem caráter punitivo, exigindo para tal processo administrativo com todas as garantias, conforme o artigo 41, § 1º, inciso I, da CF.[71]

Também não enseja discricionariedade pura, pois, para que a exoneração se dê, é imprescindível que cada um dos Poderes, por ato normativo, especifique a atividade funcional, o órgão ou unidade administrativa objeto da redução de pessoal, devendo, portanto, ser o ato sempre motivado. Assim, cabe tal incumbência ao Chefe do Poder, no caso do Executivo, por meio de decreto; à Mesa Diretora, no Legislativo, por meio de resolução; e, no âmbito do Judiciário, ao órgão administrativo competente, conforme o disposto na lei de organização judiciária, por resolução ou provimento.

Segundo Juarez Freitas (1999), o § 4º do artigo 169 está inserido no artigo 41, § 3º, o qual estabelece a disponibilidade remunerada no caso de extinção do cargo ou declaração de desnecessidade dele. Gera, com isso, a possibilidade de o servidor desligado optar pela indenização, correspondente a um mês de remuneração por ano de serviço, de acordo com o § 5º do artigo 169 (analisado oportunamente) ou pela disponibilidade remunerada proporcional.

Pode o servidor desligado do serviço público sentir-se lesado por uma suposta exoneração abusiva. Caso isso ocorra, poderá impetrar mandado de segurança do ato individual de sua exoneração, devendo pré-constituir a prova de eventuais vícios

---

[71] "Art. 41 – ....
§ 1º – O servidor público estável só perderá o cargo:
I – mediante processo administrativo em que lhe seja assegurada ampla defesa;
§ 3º – Extinto o cargo ou declarada a sua desnecessidade, o servidor estável ficará em disponibilidade, com remuneração proporcional ao tempo de serviço, até seu adequado aproveitamento em outro cargo."

do respectivo ato (forma, competência, objeto, motivo e finalidade). Não havendo a prova pré-constituída, deverá o servidor utilizar-se das vias ordinárias. A par disso, deve-se ressaltar que contra o ato normativo expedido pelos Poderes, seja por meio de decreto, resolução ou provimento, é impossível a impetração do mandado de segurança, pois esse remédio é incabível contra ato normativo em tese.

Para nortear a matéria e dispor sobre as normas gerais para que ocorra a exoneração do servidor público estável por excesso de despesa, temos a Lei nº 9.801, de 14 de junho de 1999. Essa lei de cinco artigos especifica qual o conteúdo do ato normativo a ser expedido pelos Chefes de cada um dos Poderes da União, dos Estados, do Distrito Federal e dos Municípios. Assim estabelece o § 1º do artigo 2º da Lei nº 9.801/1999:

"§ 1º – O ato normativo deverá especificar:
I – a economia de recursos e o número correspondente de servidores a serem exonerados;
II – a atividade funcional e o órgão ou a unidade administrativa objetos de redução de pessoal;
III – o critério geral impessoal escolhido para a identificação dos servidores estáveis a serem desligados dos respectivos cargos;
IV – os critérios e as garantias especiais escolhidos para identificação dos servidores estáveis que, em decorrência das atribuições do cargo efetivo, desenvolvam atividades exclusivas de Estado;
V – o prazo de pagamento da indenização devida pela perda do cargo;
VI – os créditos orçamentários para o pagamento das indenizações."

O critério geral impessoal a que se refere a lei está previsto no § 2º, e é o modo escolhido pelo legislador para classificar, dentre os servidores públicos estáveis, aqueles que serão primeiramente exonerados. Dessa forma, serão exonerados aqueles que tiverem menor tempo de serviço público, maior remuneração e menor idade; podendo ainda ser este critério combinado com o critério complementar do menor número de dependentes (artigo 2º, § 3º).

Para a exoneração dos servidores públicos estáveis que desenvolvam atividades exclusivas de Estado, dever-se-ão obedecer às seguintes condições: somente será admitida quando a exoneração de servidores dos demais cargos do órgão ou da unidade administrativa, objeto da redução de pessoal, tenha alcançado, pelo menos, 30% do total desses cargos; cada ato reduzirá em, no máximo, 30% o número de servidores que desenvolvam atividades exclusivas do Estado.

Além disso, o artigo 4º dispõe sobre a necessidade de extinção dos cargos vagos em razão da exoneração dos servidores estáveis, sendo vedada a criação de cargo, emprego ou função com atribuições iguais ou assemelhadas pelo prazo de quatro anos.

20.6 Indenização em razão da perda do cargo por servidor estável – artigo 169, § 5º, da CF

"ART. 169 – ....

§ 5º – O servidor que perder o cargo na forma do parágrafo anterior fará jus a indenização correspondente a um mês de remuneração por ano de serviço..."

Esse parágrafo apresenta uma norma de complementação ao anterior. Tendo havido perda no patrimônio do servidor público, não há dúvida de que a indenização é imperiosa, pois a toda perda cabe uma reparação.

Essa indenização é cabível somente aos servidores estáveis que perderem o cargo, na forma prevista pelo § 4º do artigo 169, anteriormente estudado.

Indenização não é ressarcimento, e ambos não se confundem. Para que se dê o ressarcimento é mister a ocorrência de um inadimplemento ou de um ato ilícito. Ao contrário, tratando-se de indenização, há um prejuízo causado ao patrimônio jurídico do indivíduo, mas que não advém de um ato ilícito. Assim, o servidor perderá o cargo não porque tenha praticado algum ato contrário ao direito, mas porque é conveniente e oportuno à Administração Pública, para que se dê o controle das despesas públicas. Em razão disso, o servidor deverá acatar a exoneração, só se opondo a ela se houver algum vício do ato administrativo; nesse caso, terá direito a uma indenização pelos prejuízos sofridos em seu patrimônio jurídico, correspondente a um mês de remuneração por ano de serviço.

A EC nº 19/1998 previu que a indenização será de um mês de remuneração por ano de serviço. Essa "remuneração" deve estar de acordo com o significado apresentado pela reforma administrativa, a qual considera como tal o total de valores percebidos pelo servidor público, a qualquer título. É dessa forma, portanto, que deverá ser entendida a indenização. Assim, o servidor estável que for exonerado será indenizado com o valor total obtido da multiplicação dos anos de serviço prestado por sua remuneração.

Convém relembrar uma questão já suscitada (ver no item 20.5): o servidor público estável que for exonerado poderá optar entre a indenização constante do § 5º e a hipótese prevista pelo artigo 41, § 3º, qual seja, a de permanecer em disponibilidade remunerada proporcional? A resposta é sim. Uma vez que não se trata, tal exoneração, de pena, e por expressa disposição legal, poderá o servidor público estável exonerado fazer essa opção.

A Administração Pública, quando precisar exonerar servidor nessas condições, deverá obedecer a processo administrativo, observados a ampla defesa e o contraditório.

20.7 Extinção e vedação da criação de cargo, emprego ou função objeto da redução prevista pelos parágrafos anteriores – artigo 169, § 6º, da CF

"ART. 169 – ....

§ 6º – O cargo objeto da redução prevista nos parágrafos anteriores será considerado extinto, vedada a criação de cargo, emprego ou função com atribuições iguais ou assemelhadas pelo prazo de quatro anos..."

É uma norma de complementação ao § 5º, para que dúvidas não pairem a respeito do tema; porque, se a finalidade a ser atingida é a redução de despesas com pessoal, é incoerente exonerar o servidor e manter o seu cargo. Pela lógica, este deve ser extinto para que a redução de despesas seja efetiva.

A EC nº 19/1998, além de considerar expressamente extinto o cargo, emprego ou função, ainda proíbe a criação de outros com as mesmas atribuições ou assemelhadas por um período de quatro anos. Assim, diante da coincidência entre os prazos, ou seja, o estabelecido no parágrafo em questão e o de mandato legislativo e executivo, percebe-se que a criação de cargos nos moldes prescritos somente poderá acontecer no próximo mandato, quando as circunstâncias políticas, orçamentárias, administrativas serão outras. Essa limitação à administração obriga-a a refletir, e muito, a respeito da redução, de maneira a não se precipitar, restringindo-a a situações indispensáveis.

20.8 Lei Federal nº 9.801, de 14 de junho de 1999 – artigo 169, § 7º, da CF

"ART. 169 – ....

§ 7º – Lei Federal disporá sobre as normas gerais a serem obedecidas na efetivação do disposto no § 4º..."

É de competência da União o estabelecimento de regras gerais para a redução de que trata o § 4º do artigo 169 da CF. Dessa forma, a União, os Estados, o Distrito Federal e os Municípios deverão, para gerenciar suas medidas de redução, observar os limites impostos pela lei federal, uma vez que esta é de caráter geral conforme o disposto no artigo 24 da CF.[72]

Assim sendo, deverão os entes federativos obediência ao preceituado pela Lei federal nº 9.801, de 14 de junho de 1999, que regula a exoneração do servidor público estável, dispondo sobre normas gerais para perda do cargo público nessas condições.

Para que ocorra a exoneração, assunto já tratado, é imprescindível que os chefes de cada um dos Poderes da União, dos Estados, do Distrito Federal e dos Municípios expeçam atos normativos motivados. A referida lei federal especifica o conteúdo desse ato e os critérios a serem adotados, tais como o critério geral para identificação impessoal, o prazo de pagamento da indenização devida etc. Além disso, faz uma diferenciação instituindo condições especiais para a exoneração de servidor estável que desenvolva atividade exclusiva de Estado.

Por fim, determina a extinção dos cargos vagos em decorrência da dispensa dos servidores estáveis, estando, inclusive, vedada a criação de cargo, emprego ou função com atribuições iguais ou assemelhadas por um prazo de quatro anos.

Para um melhor entendimento da matéria, vide item 20.5.

Segundo o inciso II do artigo 24, compete à União, aos estados e ao Distrito Federal legislar concorrentemente sobre orça-

---

[72] "Art. 24 – Compete à União, aos Estados e ao Distrito Federal legislar concorrentemente sobre:
II – orçamento;
§ 1º – No âmbito da legislação concorrente, a competência da União limitar-se-á a estabelecer normas gerais.
§ 2º – A competência da União para legislar sobre normas gerais não exclui a competência suplementar dos Estados."

mento. Assim, a União estabelece as normas gerais (§ 1º) e os Estados e Distrito Federal suas normas especiais de acordo com suas necessidades, sempre respeitando as primeiras.

A necessidade de lei federal para dispor sobre normas gerais só é, no entanto, imprescindível quando a exoneração for de servidor estável. Nos demais casos, para fins de redução de despesas, não se faz necessária tal medida. Dessa forma, os entes federativos poderão exonerar os servidores com cargo em comissão e funções de confiança, bem como os não estáveis, tão logo entendam cabível, ou seja, se suas despesas com pessoal ultrapassarem os limites permitidos, assegurando, na hipótese dos não estáveis, o contraditório e a ampla defesa.

21 Ordem econômica e financeira – estatuto jurídico das empresas do Poder Público

"ART. 22 – O § 1º do art. 173 da Constituição Federal passa a vigorar com a seguinte redação:
Art. 173 – Ressalvados os casos previstos nesta Constituição, a exploração direta de atividade econômica pelo Estado só será permitida quando necessária aos imperativos da segurança nacional ou a relevante interesse coletivo, conforme definidos em lei.
§ 1º – A lei estabelecerá o estatuto jurídico da empresa pública, da sociedade de economia mista e de suas subsidiárias que explorem atividade econômica de produção ou comercialização de bens ou de prestação de serviços, dispondo sobre:
I – sua função social e formas de fiscalização pelo Estado e pela sociedade;
II – a sujeição ao regime jurídico próprio das empresas privadas, inclusive quanto aos direitos e obrigações civis, comerciais, trabalhistas e tributários;

III – licitação e contratação de obras, serviços, compras e alienações, observados os princípios da Administração Pública;
IV – a constituição e o funcionamento dos conselhos de administração e fiscal, com a participação de acionistas minoritários;
V – os mandatos, a avaliação de desempenho e a responsabilidade dos administradores."

Foi-se o tempo em que as empresas públicas e sociedades de economia mista eram tidas como as vedetes da Administração Pública. Nos anos 60 e 70, inúmeras empresas e sociedades foram criadas com a justificativa de desenvolvimento do país, pois o Estado podia, com sua ajuda, melhorar tanto na área de prestação de serviços como na de exploração da atividade econômica. Tamanha euforia foi se esvaindo a partir da década de 1980, quando inúmeras irregularidades começaram a vir à tona e a ineficácia passou a ser tamanha, com profundos ônus ao erário público.

Diante do atual contexto brasileiro, em que as privatizações de empresas estatais que exploram atividade econômica são cada vez mais freqüentes, e na mesma velocidade as concessões e permissões de serviços públicos, é de se questionar até quando persistirão as empresas estatais no panorama nacional.

O que se verifica, entretanto, ainda hoje nas administrações públicas, seja federal, estadual ou municipal, são inúmeras sociedades de economia mista e empresas públicas que devem prestar contas de suas gestões para que se dê a verificação de seus bons ou maus resultados, em razão de seu compromisso com o interesse maior, qual seja, o público.

A CF/88 não estabeleceu as diretrizes básicas a que as empresas públicas e sociedades de economia mista deveriam submeter-se. Igualou-as às empresas privadas, quando se lhes atribui a sujeição ao seu regime jurídico. Não estão, no entanto, no mesmo patamar, em razão de várias diferenças que as separam umas das outras, como o privilégio de não estarem, aquelas, submetidas à falência.

Com a EC nº 19/1998, adotou-se a obrigatoriedade de uma lei ordinária que preencha todos os seus diferenciadores, estabelecendo um estatuto jurídico para as empresas públicas, as sociedades de economia mista e suas subsidiárias que exploram atividade econômica de produção ou comercialização ou de prestação de serviços. Para isso, foi modificado o § 1º do artigo 173, que, como visto, é norma de eficácia contida. Seu *caput*, entretanto, permaneceu intocável, exigindo que o Estado explore atividade econômica somente se necessário aos imperativos da segurança nacional ou a relevante interesse coletivo.

O primeiro impasse que surge é quanto à interpretação a ser dada ao parágrafo em epígrafe no tocante às empresas públicas e sociedades de economia mista prestadoras de serviço público. O hermeneuta deve interpretar as normas em consonância com o sistema jurídico vigente, e não como algo dele destacado, o que suscita várias posições.

Para Alice Gonzalez Borges (1999), quando o § 1º refere-se à "exploração de atividade econômica, de produção ou comercialização de bens ou de prestação de serviços", estende-se também às empresas públicas e sociedades de economia mista, sejam exploradoras de atividade econômica, sejam prestadoras de serviço público.

Marçal Justen Filho e Cintra do Amaral, no entanto, entendem que a referência em questão só alcança as empresas públicas e sociedades de economia mista que explorarem atividade econômica, ficando de fora as prestadoras de serviço público, ampla maioria em nosso país (Borges, 1999a).

Seguindo esse raciocínio, entretanto, contradições hão de surgir ao verificar-se o Texto Maior. Seu artigo 22, inciso XXVII, dispõe sobre as matérias que a União é competente para legislar. Entre elas, "normas gerais de licitação e contratação em todas as modalidades, para as administrações públicas diretas, autárquicas e fundacionais da União, Estados, Distrito Federal e Municípios, obedecido o disposto no art. 37, XXI, e para *as empresas públicas e sociedades de economia mista, nos termos do art. 173, §, 1º, III*" (grifo nosso).

Já o artigo 173, § 1º, inciso III, da CF dispõe sobre "licitação e contratação de obras, serviços, compras e alienações, observados os princípios da Administração Pública" para as empresas públicas e sociedades de economia mista.

Desse modo, se não se estendessem os dispositivos elencados às empresas públicas e sociedades de economia mista prestadoras de serviço público, não haveria norma de licitação e contratos para elas, o que seria uma aberração jurídica.

Celso Antonio Bandeira de Mello (1999, p.138 ss.) apresenta nova orientação no sentido de que as licitações e contratações das empresas públicas e sociedades de economia mista prestadoras de serviço público deverão reger-se pelo constante no artigo 37, inciso XIX, da CF, o que também não alivia em nada a discussão, porque, nesse caso, contrariar-se-ia a redação do artigo 22, inciso XXVII, da CF , o qual clamaria por uma reforma.

A par dessas considerações, conclui-se que o texto em comento alcança tanto as empresas públicas e sociedades de economia mista exploradoras de atividade econômica como as que prestam serviços públicos, não havendo motivos para sua separação diante de toda análise feita a partir dos artigos supracitados.

Assim, além de ter mantido a sujeição ao regime jurídico próprio das empresas privadas, inclusive quanto aos direitos e obrigações civis, comerciais, trabalhistas e tributários, disposto no inciso II do § 1º do artigo 173, a lei que estabelecer o estatuto também irá dispor sobre sua função social e formas de fiscalização pelo Estado e pela sociedade (inciso I); licitação e contratação de obras, serviços, compras e alienações, observados os princípios da Administração Pública (inciso III); a constituição e o funcionamento dos conselhos de administração e fiscal, com a participação de acionistas minoritários (inciso IV); os mandatos, a avaliação de desempenho e a responsabilidade dos administradores (inciso V).

No que se refere às licitações e contratos, tema dos mais comentados, enquanto não houver lei estabelecendo seus critérios, as entidades deverão guiar-se pelo disposto no artigo 119 da Lei nº 8.666/1993, apenas ressalvando que as sociedades de economia mista e empresas públicas que assim o fizerem não terão seus regulamentos internos sujeitos à disposição dessa lei, mas ao futuro estatuto, estando, portanto, derrogado o artigo 119 em sua parte final.

Estabelece o artigo 26 da EC nº 19/1998 que, "no prazo de dois anos da promulgação desta Emenda, as entidades da Administração indireta terão seus estatutos revistos quanto à respectiva natureza jurídica, tendo em conta a finalidade e as competências efetivamente executadas". Portanto, a partir de 5 de junho de 2000, deveriam as respectivas entidades ter efetuado tal revisão, independentemente da edição da lei referida pelo § 1º do artigo 173 da CF.

22 Ordem social – princípios do ensino – artigo 23 da EC nº 19/1998

> "ART. 23 – O inciso V do art. 206 da Constituição Federal passa a vigorar com a seguinte redação:
> Art. 206 – O ensino será ministrado com base nos seguintes princípios:..
> V – valorização dos profissionais do ensino, garantidos, na forma da lei, planos de carreira para o magistério público, com piso salarial profissional e ingresso exclusivamente por concurso público de provas e títulos..."

Essa alteração é mais uma adequação ao novo sistema conferido pela EC nº 19/1998. A redação anterior, em sua parte final, assegurava o regime jurídico único para todas as instituições mantidas pela União; com a EC nº 19/1998 não há mais o regime jurídico como o único a ser adotado para os servidores públicos (artigo 39 da CF), o que levou o legislador a adaptar o artigo em questão nos moldes da atual configuração.

Assim, ficará a critério de cada entidade educacional a discricionariedade em adotar um ou outro regime jurídico que estabeleça o sistema de cargos, empregos e remuneração, de acordo com suas conveniências. Ressalte-se, todavia, que na prática já foi constatado, anteriormente à promulgação da CF/1988, que servidores ocupantes do mesmo cargo, mas sob regimes jurídicos distintos, não convivem pacificamente, o que desencadeava uma série de ações judiciais que buscavam a equiparação salarial com fundamento na isonomia, em razão de serem cargos paradigmas, ou seja, cargos em que o trabalho executado é igual ou assemelhado.

Como previsto na redação originária, o concurso de provas e títulos para ingresso na carreira do magistério público continua obrigatório. Trata-se de concurso *público*, o que afasta qualquer tipo de concurso interno para efetivação de servidores pertencentes aos quadros da entidade.

23 Disposições constitucionais gerais – artigo 24 da EC nº 19/1998

"ART. 24 – O art. 241 da Constituição Federal passa a vigorar com a seguinte redação:
Art. 241 – A União, os Estados, o Distrito Federal e os Municípios disciplinarão por meio de lei os consórcios públicos e os convênios de cooperação entre os entes federados, autorizando a gestão associada de serviços públicos, bem como a transferência total ou parcial de encargos, serviços, pessoal e bens essenciais à continuidade dos serviços transferidos."

A atual redação do artigo 241 da CF em nada lembra a ab-rogada, a começar pelas matérias tratadas. O antigo texto cuidava da isonomia de vencimentos para os delegados de polícia, o que na atual conjuntura não faz sentido, pois a matéria está prevista nos artigos 37 e 39 da CF, com as alterações impostas pela EC nº 19/1998.

Aproveitando-se disso, o legislador constituinte inseriu no espaço vago deixado pelo artigo 241 matéria totalmente desvinculada do texto original, qual seja, a cooperação que deverá existir entre os entes federativos, que era prevista pela CF/1988 em seu artigo 23, parágrafo único, mas com a restrição de existir somente quando as competências fossem comuns. Com a nova redação, a cooperação poderá existir independentemente de serem comuns as competências, tendo como limite apenas a autonomia da vontade política.

Para que esses consórcios ocorram, mister far-se-á a edição de lei ordinária que disciplinará os consórcios públicos e os convênios de cooperação entre os entes federados, e a transferência, total ou parcial, de encargos, serviços, pessoal e bens essenciais à continuidade dos serviços transferidos.

Nos convênios, o interesse é comum a todos os que os celebram, não existindo interesses contrapostos como nos contratos. Assim, podem ser sujeitos de convênios as pessoas físicas ou jurídicas, de direito público ou privado, da Administração direta ou indireta, desde que seu objeto seja de interesse público, sem que haja nenhum intuito de lucro. Além disso, a adesão aos convênios e aos consórcios tem caráter voluntário, e, assim sendo, também será voluntária a retirada de qualquer dos entes públicos.

Segundo José Cretella Júnior (1999), duas são as diferenças apontadas entre os convênios e os consórcios. A primeira reside no fato de que somente podem participar dos consórcios pessoas públicas da mesma espécie, o que não é requisito de validade para os convênios. E a segunda diz respeito à estrutura administrativa, ou seja, no caso dos consórcios exige-se um conselho consultivo, uma autoridade executiva e um conselho fiscal, não exigidos para os convênios.

A segunda parte do artigo 241 da CF menciona "transferência total ou parcial de encargos, serviços, pessoal e bens essenciais à continuidade dos serviços transferidos", o que representa duas maneiras diversas de cooperação entre os entes federativos. Assim, no caso das transferências, os serviços deveriam ter sido executados pelo ente que os transferiu. Em razão disso, não só os serviços são transferidos de um ente ao outro, mas também os recursos para sua execução. Ao contrário, quanto aos convênios e consórcios, o que se dá é uma mera descentralização de atividades aos órgãos estaduais ou municipais de acordo com a competência local de cada um.

24 Normas de transição – artigos 25, 26, 27, 28, 29, 30 e 31 da EC nº 19/1998

24.1 Procedimento da União até que se crie o fundo exigido pelo inciso XIV do artigo 21 da CF – artigo 25 da EC nº 19/1998

"ART. 25 – Até a instituição do fundo a que se refere o inciso XIV do art. 21 da Constituição Federal, compete à União manter os atuais compromissos financeiros com a prestação de serviços públicos do Distrito Federal."

O artigo em estudo não trouxe modificação alguma à Constituição Federal de 1988. Da mesma forma como os artigos 26, 27, 28, 29, 30 e 31 da EC nº 19/1998 (a seguir estudados), o artigo 25 é uma norma de caráter transitório, que auxilia numa melhor incidência das normas apresentadas pela emenda. Com o preenchimento de todos os requisitos para a efetiva incidência da norma, a de transição é derrogada ou ab-rogada, dependendo de seu contexto.

Estabelece o inciso XIV do artigo 21 da CF, que é da competência da União "prestar assistência financeira ao Distrito Federal para a execução de serviços públicos, por meio de fundo próprio".

Como adjunto na aplicação da norma expressa no artigo 21, o artigo 25 da EC nº 19/1998 dispõe que, enquanto não for criado o referido fundo, a União deverá manter os atuais compromissos financeiros com a prestação de serviços públicos do Distrito Federal.

A regra estatuída no artigo 25, portanto, permite a ultratividade do regime em vigor até que se crie o fundo próprio.

24.2 Revisão dos estatutos das entidades da Administração indireta – artigo 26 da EC nº 19/1998

"ART. 26 – No prazo de dois anos da promulgação desta Emenda, as entidades da Administração indireta terão seus estatutos revistos quanto à respectiva natureza jurídica, tendo em conta a finalidade e as competências efetivamente executadas."

Durante o período de dois anos da promulgação da EC nº 19/1988, ou seja, até o dia 5 de junho de 2000, permaneceram em vigência as normas anteriores a essa emenda. A partir dessa data, no entanto, estão as entidades da Administração indireta obrigadas a revisar seus estatutos.

Apesar do incisivo verbo "ter", constante do artigo em questão, que pressupõe uma regra jurídica impositiva de um fazer, não há nenhuma sanção para o seu descumprimento, o que é um descuido em se tratando de um país sem memória como o nosso. É muito provável que em muitas entidades da Administração indireta tal obrigatoriedade não passe do papel.

24.3 Lei de defesa do usuário de serviços públicos – artigo 27 da EC nº 19/1998

"ART. 27 – O Congresso Nacional, dentro de cento e vinte dias da promulgação desta Emenda, elaborará lei de defesa do usuário de serviços públicos."

Mais uma vez tem-se um dispositivo que comprova a displicência do legislador brasileiro.

Prevê o artigo em comento que o Congresso Nacional deveria ter elaborado uma lei de defesa do usuário de serviços públicos no prazo de 120 dias da promulgação da EC nº 19/1998, ou seja, em 4 de janeiro de 1999 esgotou-se o prazo. Passados cinco anos da promulgação da emenda, permanece inerte o legislador, restando ao usuário valer-se da Responsabilidade Objetiva do Estado, em que lhe é imposto ressarcir os danos causados a terceiros por suas ações e omissões injustas, independentemente de dolo ou culpa. Assim, o prejuízo sentido pelo particular é conseqüência do funcionamento, regular ou irregular, do serviço público. Descarta-se, todavia, o amparo pelo Código de Defesa do Consumidor (Lei nº 8.078/1990) caso o serviço público seja gratuito, pois não há o estabelecimento de uma relação de consumo entre a Administração Pública e o usuário. Ao contrário, se o serviço público não for gratuito, sujeita-se às normas do Código de Defesa do Consumidor.

Diante da inércia do Congresso Nacional, a Assembléia Legislativa do Estado de São Paulo promulgou a Lei do Usuário, Lei nº 10.294, de 20 de abril de 1999, que estabeleceu normas básicas de proteção e defesa do usuário do serviço público prestado pelo Estado de São Paulo.

Prevê tal lei os direitos básicos dos usuários, bem como o direito à qualidade e ao controle do serviço prestado. Dispõe, ainda, sobre o processo administrativo contra eventuais servidores que venham causar danos aos usuários, inclusive ditando as sanções devidas. Por fim, cria o Sistema Estadual de Defesa do Usuário de Serviços Públicos (Sedusp), com a finalidade de estabelecer ligação direta entre o servidor público e o usuário de serviços públicos, objetivando um melhor relacionamento com a conseqüente melhoria dos serviços prestados.

24.4 Estágio probatório diferenciado – artigo 28 da EC nº 19/1998

"ART. 28 – É assegurado o prazo de dois anos de efetivo exercício para a aquisição da estabilidade aos atuais servidores em estágio probatório, sem prejuízo da avaliação a que se refere o § 4º do art. 41 da Constituição Federal."

Essa é uma norma de transição para o regime novo, no qual aos servidores que já estivessem cumprindo o estágio probatório quando da promulgação da EC nº 19/1998 aplicar-se-ia o prazo de dois anos e não o alterado pela emenda, ou seja, três anos de efetivo exercício. Para aqueles que iniciaram o estágio probatório após a promulgação da emenda, só alcançarão a estabilidade cumprindo os três anos de efetivo exercício. Apesar da manutenção do antigo prazo, o servidor deverá submeter-se à avaliação a que se refere o § 4º do artigo 41 da CF, como condição para a aquisição da estabilidade. Consistirá numa avaliação especial de desempenho por comissão instituída para essa finalidade.

24.5 Adequação da remuneração dos servidores públicos aos limites impostos pela EC nº 19/1998 – artigo 29 da EC nº 19/1998

"ART. 29 – Os subsídios, vencimentos, remuneração, proventos da aposentadoria e pensões e quaisquer outras espécies remuneratórias adequar-se-ão, a partir da promulgação desta Emenda, aos limites decorrentes da Constituição Federal, não se admitindo a percepção de excesso a qualquer título."

As mudanças ocorridas no sistema remuneratório dos servidores públicos são gritantes, a começar pelos limites impostos.

Dispõe o atual regramento jurídico que qualquer espécie remuneratória não poderá exceder o subsídio mensal percebido pelos Ministros do Supremo Tribunal Federal, conforme previsto nos artigos 37, incisos X e XI, e 39, § 4º, da CF. Esse valor, no entanto, depende de lei de iniciativa conjunta dos Presidentes da República, da Câmara dos Deputados, do Senado Federal e do Supremo Tribunal Federal.

O STF, em decisão administrativa, por sete votos a quatro, entendeu que a fixação do valor do subsídio depende de lei de iniciativa dos Presidentes mencionados pelo artigo 48, inciso XV, da CF, e, por isso, não é auto-aplicável o artigo 29 da EC nº 19/1998, em razão da dependência de tal lei. Na espera da referida lei, continuar-se-á aplicando a redação originária do artigo 37, inciso XI, da CF, ou seja, o teto a ser obedecido será o fixado para os três Poderes.[73]

Trata-se de caso único em que uma decisão administrativa suspendeu a eficácia de uma norma constitucional, pois, geralmente, por ser administrativa, a decisão só produziria efeitos no âmbito do Tribunal que a expediu. No entanto, estabeleceu regra com efeito de lei para todos os Poderes.

Em sede jurisdicional, o Plenário do Supremo Tribunal Federal, ratificando a decisão administrativa,

> considerou relevante a argumentação de ofensa ao princípio da reserva legal, confirmando o entendimento proferido na Sessão Administrativa de 24 de junho de 1998, no sentido de que os artigos 37, XI e 39, § 4º da CF, na nova redação dada pela EC 19/98, não são auto-aplicáveis. Observou-se que a fixação dos subsídios dos Ministros dos Tribunais Superiores (CF, art. 93, V) só será possível depois da edição de lei de iniciativa conjunta dos Presidentes da República, da Câmara dos Deputados, do Senado Fede-

---

[73] Decisão da Corte Suprema de caráter administrativo de 24.6.1998 (apud Pereira Junior, 1999, p.398-9).

ral e do STF, fixando o subsídio dos Ministros do STF (CF, art. 48, XV), que servirá de teto para a Administração Pública.[74]

24.6 Prazo para apresentação do projeto de lei referido no artigo 163 da CF – artigo 30 da EC nº 19/1998

"ART. 30 – O projeto de lei complementar a que se refere o art. 163 da Constituição Federal será apresentado pelo Poder Executivo ao Congresso Nacional no prazo máximo de cento e oitenta dias da promulgação desta Emenda."

O artigo 163 da CF dispõe que:

"Lei complementar disporá sobre:
I – finanças públicas;
II – dívida pública externa e interna, incluída a das autarquias, fundações e demais entidades controladas pelo Poder Público;
III – concessão de garantias pelas entidades públicas;
IV – emissão e resgate de títulos da dívida pública;
V – fiscalização das instituições financeiras;
VI – operações de câmbio realizadas por órgãos e entidades da União, dos Estados, do Distrito Federal e dos Municípios;
VII – compatibilização das funções das instituições oficiais de crédito da União, resguardadas as características e condições operacionais plenas das voltadas ao desenvolvimento regional."

O artigo em questão não foi modificado pela reforma administrativa. Apesar disso, veio a emenda constitucional em comento, em seu artigo 30, fixar prazo máximo de 180 dias para que o projeto de lei complementar mencionado no artigo 163 da CF seja apresentado pelo Executivo ao Congresso Nacional.

---

[74] ADIN nº 1898 – DF – Rel. Ministro Octavio Galloti – *Boletim Informativo do STF*, n.128, 1998.

Trata-se de mais uma norma geral de transição que assegura a ultratividade do sistema revogado até o prazo fixado, qual seja 180 dias (término em 5 de dezembro de 1998). É norma que apenas estabelece um prazo para a edição de lei complementar, mas que não acarreta nenhum tipo de sanção no caso de seu descumprimento.

24.7 Servidores públicos dos antigos territórios federais e policiais militares custeados pela União – artigo 31 da EC nº 19/1998

"ART. 31 – Os servidores públicos federais da Administração direta e indireta, os servidores municipais e os integrantes da carreira policial militar dos ex-Territórios Federais do Amapá e de Roraima, que comprovadamente encontravam-se no exercício regular de suas funções prestando serviços àqueles ex-Territórios na data em que foram transformados em Estados; os policiais militares que tenham sido admitidos por força de legislação federal, custeados pela União; e, ainda, os servidores civis nesses Estados com vínculo funcional já reconhecido pela União, constituirão quadro em extinção da Administração Federal, assegurados os direitos e vantagens inerentes aos seus servidores, vedado o pagamento, a qualquer título, de diferenças remuneratórias.

§ 1º – Os servidores da carreira policial militar continuarão prestando serviços aos respectivos Estados, na condição de cedidos, submetidos às disposições legais e regulamentares a que estão sujeitas as corporações das respectivas Polícias Militares, observadas as atribuições de função compatíveis com seu grau hierárquico."

Com a transformação dos Territórios brasileiros em Estados, houve por bem regularizar a situação dos seus servidores.

Eis que surge o artigo 31 da EC nº 19/1998, norma esta que marca o início da vigência de um novo regime promovido pela reforma administrativa por meio da emenda em questão.

Tal dispositivo impõe ao Poder Público Federal a criação de um quadro suplementar para atender aos servidores públicos civis e militares dos ex-Territórios do Amapá e de Roraima que preencham as condições elencadas pelo artigo 31 da EC nº 19/1998. Estes permanecerão aí lotados, ou seja, continuarão exercendo suas atividades nos antigos Territórios, atuais estados, com os direitos e vantagens incorporados até a promulgação da emenda, com a diferença que os militares ficarão lotados permanentemente, e os civis por tempo indeterminado até que sejam aproveitados em outros órgãos da Administração Federal.

25 Acréscimo do artigo 247 no rol constitucional – artigo 32 da EC nº 19/1998

"ART. 32 – A Constituição Federal passa a vigorar acrescida do seguinte artigo:
Art. 247 – As leis previstas no inciso III do § 1º do art. 41 e no § 7º do art. 169 estabelecerão critérios e garantias especiais para a perda do cargo pelo servidor público estável que, em decorrência das atribuições de seu cargo efetivo, desenvolva atividades exclusivas de Estado.
Parágrafo único. Na hipótese de insuficiência de desempenho, a perda do cargo somente ocorrerá mediante processo administrativo em que lhe sejam assegurados o contraditório e a ampla defesa."

Estabelece o artigo supracitado que, para aqueles servidores que além de estáveis forem também titulares de cargos cujas atividades sejam exclusivas de Estado, a lei complementar referida no artigo 41, § 1º, inciso III, e a lei federal ordinária disposta no artigo 169, § 7º, darão tratamento diferenciado, constante de "critérios e garantias especiais". Nesse caso, será permitida a dispensa do servidor por falta grave ou por insuficiência de desempenho, mediante processo administrativo ou judicial. Conforme a exposição de motivos interministerial nº 49/1995, trata-se de uma estabilidade rígida, ao contrário da flexível, em que a dispensa poderá ocorrer por necessidade da administração, para reestruturação organizacional ou na hipótese de excesso de pessoal, quando serão os quadros reduzidos.

O rito dos procedimentos de avaliação de desempenho e exoneração do servidor público, os prazos para ampla defesa, a conceituação do que seriam as "atividades exclusivas de Estado" e os "critérios e garantias especiais" a serem aplicados aos servidores ocupantes de tais cargos só serão conhecidos com a edição das leis mencionadas nos artigos 41, § 1º, inciso III, e 169, § 7º, da CF. A par dessas considerações, conclui-se que a perda do cargo público pelo estável está diretamente ligada à edição das leis citadas, sem as quais não ocorrerá sua efetivação.

O parágrafo único apenas repete o que o próprio artigo 41, § 1º, inciso III, da CF já havia previsto, isto é, a garantia de que a perda do cargo, na hipótese de insuficiência de desempenho, só ocorrerá mediante processo administrativo, assegurados o contraditório e a ampla defesa.

26 Servidores não estáveis – artigo 33 da EC nº 19/1998

"ART. 33 – Consideram-se servidores não estáveis, para os fins do art. 169, § 3º, II, da Constituição Federal aqueles admitidos na Administração direta, autárquica e fundacional sem concurso público de provas ou de provas e títulos após o dia 5 de outubro de 1983."

Os servidores não estáveis estão na lista dos exoneráveis em segundo plano, pois, primeiramente perderão o cargo, na proporção de até 20%, os servidores ocupantes de cargos em comissão e funções de confiança. Mas, para que essa possibilidade se dê, é mister que se entenda o conceito do que venha a ser servidor não estável, o que é esclarecido pelo artigo 33 da EC nº 19/1998.

Uma análise do artigo em questão nos leva a concluir que: somente serão considerados servidores não estáveis aqueles que exercerem atividades em órgãos da Administração direta, de autarquias ou de fundações públicas, excluindo-se daí todos os servidores ocupantes de empregos nas sociedades de economia mista e nas empresas públicas; e os que ingressaram no serviço público após 5 de outubro de 1983, por livre nomeação, sem terem logrado êxito em nenhum concurso público, o que significa que todos aqueles nomeados em data anterior à supracitada serão tidos por estáveis.

Não se deve confundir, todavia, o servidor não estável, ora em questão, com aquele também servidor não estável, mas concursado, isto é, servidor em estágio probatório. Este ingressou no serviço público por meio de concurso público, mas ainda não alcançou a estabilidade em razão de estar cumprindo estágio probatório de três anos. Nesse caso, poderá perder o cargo, porém somente mediante indenização, conforme o § 5º do artigo 169 da CF, estando, para esses fins, equiparado ao servidor estável.

27 Vigência da EC nº 19/1998

"ART. 34 – Esta Emenda Constitucional entra em vigor na data de sua promulgação."

Referências bibliográficas

AMARAL FILHO, M. J. T. do. *Privatização no Estado contemporâneo*. São Paulo: Ícone, 1996. p.14.

ATALIBA, G. *República e constituição*. São Paulo: Ed. Revista dos Tribunais, 1985.

BEVILÁCQUA, C. *Teoria geral do direito civil*. 6.ed. Rio de Janeiro: Francisco Alves, 1953.

BORGES, A. G. O estatuto jurídico das empresas estatais na Emenda Constitucional nº 19/98. *RDA*, Rio de Janeiro, n.217, p.5 ss., jul./set.1999a.

BRASIL. Lei nº 8112, de 11 de dezembro de 1990. Dispõe sobre o regime jurídico dos servidores públicos civis da União, das autarquias e das fundações públicas federais. *DOU*, 12 dez. 1990.

_____. Lei Complementar nº 101, de 4 de maio de 2000. Estabelece normas de finanças públicas voltadas para a responsabilidade na gestão fiscal e dá outras providências. *DOU*, 5 maio 2000.

BULOS, U. L. Reforma administrativa. *RDA*, n.214, p.84, out./dez. 1998.

CAETANO, M. *Manual de direito administrativo*. Coimbra: Coimbra, 1970.

CARRAZZA, R. A. *Curso de direito constitucional tributário*. 11.ed. São Paulo: Malheiros, 1998.

CRETELLA JÚNIOR, J. *Dicionário de direito administrativo*. 5.ed. Rio de Janeiro: Forense, 1999.

CUSTÓDIO FILHO, U. A EC nº 19/98 e o princípio da eficiência na administração pública. *ILC*, Curitiba, v.6, n.66, p.606-13, ago. 1999.

DANTAS, I. *Constituição Federal*: teoria e prática. Rio de Janeiro: Renovar, 1994. v.1.

DEBBASCH, C. *Droit administratif*. Paris: Cujas, 1968.

DELGADO, J. A. Licitação. *Revista Jurídica*, Porto Alegre, v.43, n.216, out. 1995.

DI PIETRO, M. S. Z. *Direito administrativo*. São Paulo: Atlas, 1991. (10ª edição em 1998).

FERRAZ, A. C. da C. *Processos informais de mudança da Constituição*: mutações constitucionais e mutações inconstitucionais. São Paulo: Max Limonad, 1986.

FERREIRA FILHO, M. G. *Direito constitucional comparado*. São Paulo: Edusp, 1974.

_____. *Curso de direito constitucional*. São Paulo: Saraiva, 1979. (2ª edição em 1989).

_____. Reforma, emenda ou revisão constitucional. *Repertório IOB de Jurisprudência*, São Paulo, v.1, n.24, p.454-6, dez. 1991.

_____. Poder constituinte e direito adquirido. *RDA*, Rio de Janeiro, n.210, out./dez. 1997.

FIGUEIREDO, L. V. de. *Curso de direito administrativo*. São Paulo: Malheiros, 1994.

FRANÇA, V. da R. Questões sobre a hierarquia entre as normas constitucionais na Constituição de 1988. *Revista de Esmape*, v.2, n.4, p.474, 1998.

FREITAS, J. O novo regime de concessões e permissões de serviços públicos. *Revista Jurídica*, Porto Alegre, v.43, n.210, abr. 1995.

_____. O regime do servidor estável e as reformas constitucionais (Emendas 19 e 20/98). *Interesse Público*, São Paulo, n.1, p.19, 1999.

GASPARINI, D. *Poder regulamentar*. 2.ed. São Paulo: Ed. Revista dos Tribunais, 1982.

_____. *Direito administrativo*. São Paulo: Saraiva, 1995. p.188.

GROTTI, D. A. M. Retribuição dos servidores. Análise dos incs. X a XV do art. 37 da CF, com as modificações introduzidas pela Emenda Constitucional da Reforma Administrativa. *Cadernos de Direito Constitucional e Ciência Política*, n.24, p.57, jul./set. 1998.

HAYEK, F. A. von. *O caminho da servidão*. Rio de Janeiro: Globo, 1984.

INSTITUZIONI di Diritto Civile, v.1, p.19 apud FERREIRA FILHO, Manoel Gonçalves. Poder constituinte e direito adquirido. *RDA*, Rio de Janeiro, n. 210, out./dez. 1997.

JUSTEN FILHO, M. *Comentários à lei de licitações e contratos administrativos*: de acordo com a EC nº 19 de 4 de junho de 98, e com a Lei Federal nº 9648 de 27 de maio de 98. 5.ed. São Paulo: Dialética, 1998.

LICITAÇÕES E CONTRATOS administrativos das Estatais na Emenda Constitucional nº *19/98*. *Interesse Público*, n.2, p.50-8, 1999b.

LOPES, M. A. R. *Comentários à reforma administrativa*. São Paulo: Ed. Revista dos Tribunais, 1998.

MEDAUAR, O. *Direito administrativo moderno*. São Paulo: Ed. Revista dos Tribunais, 1998.

MEIRELLES, H. L. *Direito administrativo brasileiro*. 22.ed. São Paulo: Malheiros, 1997. (17ª ed.,1992)

MEIRELLES TEIXEIRA, J. H. *Curso de direito constitucional*. Rio de Janeiro: Forense Universitária, 1991.

MELLO, C. A. B. de. *Natureza e regime jurídico das autarquias*. São Paulo: Ed. Revista dos Tribunais, 1968.

_____. *Prestação de serviços públicos e administração indireta*. 2.ed. São Paulo: Ed. Revista dos Tribunais, 1987.

_____. *Regime constitucional dos servidores da administração direta e indireta*. São Paulo: Ed. Revista dos Tribunais, 1990.

_____. *Curso de direito administrativo*. 6.ed. São Paulo: Malheiros, 1995. (11ª edição em 1999).

_____. Licitações nas estatais em face da EC nº 19/98. *Boletim de Licitações e Contratos*, São Paulo, n.12, p.583-6, 1998.

MENDES, G. F. Cláusulas pétreas ou garantias constitucionais? *Revista Consulex: Leis e Decisões*, Brasília, n.9, 30 set. 1997.

MILESKI, H. S. Efeitos da reforma administrativa sobre a remuneração dos agentes públicos. *Revista Cidadania e Justiça*. v.2, n.4, p.18-37, 1988.

MONCADA, C. de. *Lições de direito civil* – Parte Geral. Coimbra: Almedina, 1995.

MONTEIRO, W. de B. *Curso de direito civil* – Parte Geral. 36.ed. São Paulo: Saraiva, 1999.

MORAES, A. de. *Direito constitucional*. 6.ed. São Paulo: Atlas, 1999a.

_____. *Reforma administrativa*: Emenda Constitucional nº 19/98: fundamentos jurídicos. 2.ed. São Paulo: Atlas, 1999b.

MOREIRA NETO, D. F. Administração privada temporária de caráter interventivo em banco estadual negociada consensualmente com o Banco Central: implicações da Lei 8666/93. *Boletim de Direito Administrativo*, São Paulo, n.4, p.182, abr. 1996.

MOREIRA NETO, D. F. Globalização, regionalização, reforma do Estado e da Constituição. *RDA*, Rio de Janeiro, v.211, p.1, jan./mar. 1998.

MUKAI, T. Reforma administrativa e contrato de gestão. *Revista Consulex: Leis e Decisões*, Brasília, n.4, jan. 1997; dez. 1999. (CD-ROM).

NÓBREGA, A. R. Emenda Constitucional nº 19, regime unicista. *Revista Consulex: Leis e Decisões*, Brasília, n.25, p.30, jan. 1999.

PEREIRA, C. M. da S. *Institutos de direito civil*. Rio de Janeiro: Forense, 1989. v.6.

PEREIRA, C. F. de O. *Reforma administrativa*: o Estado, o serviço público e o servidor. 2.ed. Brasília: Brasília Jurídica, 1998.

_____. Empresas públicas e sociedades de economia mista exploradoras de atividade econômica e a Emenda Constitucional nº 19 – Licitação. *ILC*, Curitiba, p.760-78, out. 1999.

PEREIRA JUNIOR, J. T. *Da reforma administrativa constitucional*. Rio de Janeiro: Renovar, 1999.

PERIN, A. J. A Emenda Constitucional nº 19/98 e a fixação pelas câmaras municipais dos subsídios dos agentes políticos. *Interesse Público*, São Paulo, n.1, p.106, 1999.

PINTO FERREIRA, L. *Da Constituição*. Rio de Janeiro: José Konfino, 1956. p.100-1.

_____. *Princípios gerais de direito constitucional moderno*. São Paulo: Saraiva, 1983.

RIBEIRO, A. *Comentários à reforma administrativa*. São Paulo: Ed. Revista dos Tribunais, 1998.

ROCHA, C. L. A. O princípio do direito adquirido no direito constitucional. *Revista Forense*, Rio de Janeiro, v.308, p.3-11, 1989.

_____. *Princípios constitucionais dos servidores públicos*. São Paulo: Saraiva, 1999.

RODRIGUES, S. *Direito civil*. 29.ed. São Paulo: Saraiva, 1999. v.6.

SALOMÃO, R. Licitações e contratos – Emenda Constitucional nº 19/98: o fim da incidência da Lei 8666/93 sobre as licitações e contratos das sociedades de economia mista. *Revista Jurídica*, Porto Alegre, n.251, p.42, set., 1998.

SAMPAIO, N. de S. *O poder de reforma constitucional*. Salvador: Progresso, 1954, *RDA*, Rio de Janeiro, nº 210, out./dez. 1997.

SARAIVA, O. Novas formas da delegação administrativa do Estado. *Revista Forense*, Rio de Janeiro, n.100, p.234, 1948.

SIEYÈS, E. *Qu'est-ce que le tiers état?* Genève: Droz, 1970. p.179-81.

SILVA, J. A. *Aplicabilidade das normas constitucionais*. São Paulo: Ed. Revista dos Tribunais, 1982.

SILVA, J. A. *Curso de direito constitucional positivo*. São Paulo: Ed. Revista dos Tribunais,1990.

_____. Reforma constitucional e direito adquirido. *RDA*, Rio de Janeiro, n.213, p.124, jul./set. 1998.

SILVA, O. J. De P. e. *Vocabulário jurídico*. 2.ed. Rio de Janeiro: Forense, 1967. v.2.

SOUTO, M. J. V. *Desestatização, privatização, concessões e terceirizações*. Rio de janeiro: Lumen Juris, 1997.

TÁCITO, C. O Estado e a empresa. *Separata Jurídica*, Rio de Janeiro, n.83, p.83, 1963.

_____. Sociedades comerciais e fundações do Estado. *Revista Forense*, Rio de Janeiro, n.205, p.417, 1964.

_____. Transformações do direito administrativo. *RDA*, Rio de Janeiro, v.214, out./dez. 1998.

TEORIA della retroattività delle leggi, 3.ed. Turim, 1891, v.1, traduzido por Vicente Ráo, apud *O direito e a vida dos direitos*. São Paulo: Revista dos Tribunais, 1991, v.1., p.330.

VALADÃO, H. Sociedade de economia mista – Atividades indiretas e comerciais do Estado – Parecer. *RDA*, Rio de Janeiro n.48, p.542, abr./jun., 1957.

VALVERDE, T. de M. Sociedades anônimas ou companhias de economia mista. *RDA*, Rio de Janeiro, n.1, p.429-41, 1948.

VELLOSO, C. M. da S. Funcionário Público – Aposentadoria – Direito Adquirido. *RDP*, São Paulo, v.5, n.21, p.180, jul./set. 1972.

WALD, A. As sociedades de economia mista e as empresas públicas no direito comparado. *Revista Forense*, Rio de Janeiro, n.152, p.510, 1954.

SOBRE O LIVRO

Formato: 14 x 21 cm
Mancha: 23 x 45 paicas
Tipologia: Iowan Old Sytle 10/14
Papel: Offset 90 g/m² (miolo)
Cartão Supremo 250 g/m² (capa)
1º edição: 2003

EQUIPE DE REALIZAÇÃO

Coordenação Geral
Sidnei Simonelli

Produção Gráfica
Anderson Nobara

Edição de Texto
Nelson Luís Barbosa (Assistente Editorial)
Carlos Villarruel (Preparação de Original)
Ada Santos Seles e
Fábio Gonçalves (Revisão)

Editoração Eletrônica
Lourdes Guacira da Silva Simonelli (Supervisão)
Cia. Editorial (Diagramação)

Impressão e Acabamento
na Gráfica Imprensa da Fé